KASPER/IHRIG Krankheitsbedingte Kündigung

RdW Schriftenreihe
›Das Recht der Wirtschaft‹

Band 246 · Februar 2017

Krankheitsbedingte Kündigung

Betriebliches Eingliederungsmanagement

André Kasper
Rechtsanwalt und Fachanwalt für Arbeitsrecht, Mannheim

Nadine Ihrig
Rechtsanwältin und Fachanwältin für Arbeitsrecht, Mannheim

1. Auflage, 2017

Bibliografische Information der Deutschen Nationalbibliothek | Die Deutsche Nationalbibliothek verzeichnet diese Publikation in der Deutschen Nationalbibliografie; detaillierte bibliografische Daten sind im Internet über www.dnb.de abrufbar.

ISBN 978-3-415-05961-0

© 2017 Richard Boorberg Verlag

Das Werk einschließlich aller seiner Teile ist urheberrechtlich geschützt.
Jede Verwertung, die nicht ausdrücklich vom Urheberrechtsgesetz zugelassen ist, bedarf der vorherigen Zustimmung des Verlages. Dies gilt insbesondere für Vervielfältigungen, Bearbeitungen, Übersetzungen, Mikroverfilmungen und die Einspeicherung und Verarbeitung in elektronischen Systemen.

Die Schriftenreihe >DAS RECHT DER WIRTSCHAFT< (RdW) ist Teil des gleichnamigen Sammelwerks, einer Kombination aus Buch und Zeitschrift: Zweimal monatlich erscheinen Kurzberichte, die auf jeweils 48 Seiten über aktuelle Rechts- und Steuerfragen informieren. Jährlich erscheinen zusätzlich acht Bücher zu Themen der aktuellen Rechtslage.

Verantwortlich: Klaus Krohn, Assessor

Richard Boorberg Verlag GmbH & Co KG | Scharrstraße 2 | 70563 Stuttgart
Stuttgart | München | Hannover | Berlin | Weimar | Dresden
www.boorberg.de

Gesamtherstellung: Laupp & Göbel GmbH | Robert-Bosch-Str. 42 | 72810 Gomaringen

Inhalt

	Abkürzungen	7
A.	**Krankheitsbedingte Kündigung**	9
I.	**Krankheitsbegriff**	9
1.	Medizinischer Krankheitsbegriff	9
2.	Krankheit und Arbeitsunfähigkeit	10
3.	Kündigung während der Krankheit	10
II.	**Allgemeine Voraussetzung für den Kündigungsschutz im Rahmen des Kündigungsschutzgesetzes (KSchG)**	12
1.	Geltungsbereich des Kündigungsschutzgesetzes	12
2.	Kündigungsschutz außerhalb des Geltungsbereiches	13
III.	**Zeitpunkt der Kündigung/Pflichten der Vertragsparteien**	14
1.	Maßgeblicher Zeitpunkt der Kündigung	14
2.	Auskunftspflicht des Arbeitnehmers	14
3.	Erkundigungspflicht des Arbeitgebers	14
IV.	**Fallgruppen der krankheitsbedingten Kündigung**	16
1.	Fallgruppe 1: Häufige Kurzerkrankungen	16
2.	Fallgruppe 2: Lang andauernde Erkrankung	26
3.	Fallgruppe 3: Dauernde Arbeitsunfähigkeit	31
4.	Fallgruppe 4: Krankheitsbedingte Leistungsminderung	34
5.	Sonderfall Alkohol- und Drogensucht	37
V.	**Rechtsfolgen bei Pflichtverletzung des Arbeitnehmers im Krankheitsfall**	40
1.	Anzeigepflicht bei Erkrankung	40
2.	Nachweispflicht des Arbeitnehmers	42
3.	Pflichten bei der Fortdauer der Arbeitsunfähigkeit	44
4.	Rechtsfolgen der Verletzung der Anzeige und der Nachweispflicht	44
5.	Pflicht zur Kostentragung der Arbeitsunfähigkeitsbescheinigung	45
6.	Nachweis der Arbeitsunfähigkeit im Falle der Erkrankung im Ausland	45

B.		**Betriebliches Eingliederungsmanagement (BEM)**	47
I.		**Zweck des BEM**	47
II.		**Normierung des BEM-Verfahrens und Voraussetzungen der Durchführung**	49
	1.	Gesetzliche Regelung des § 84 Abs. 2 SGB IX	49
	2.	Voraussetzungen für die Durchführung des BEM	49
III.		**Erwartungen an das BEM und Vor- wie Nachteile des Verfahrens**	52
IV.		**Notwendigkeit des Präventionsverfahrens bei schwerbehinderten Arbeitnehmern**	54
	1.	Voraussetzungen des Präventionsverfahrens nach § 84 Abs. 1 SGB IX	54
	2.	Rechtsfolgen des § 84 Abs. 1 SGB IX	55
V.		**Durchführung des BEM**	58
	1.	BEM-Verfahren als sog. „Suchprozess"	58
	2.	Mindestvoraussetzungen des Verfahrens	59
	3.	Initiativlast des Arbeitgebers	59
	4.	Mitwirkungspflicht des Arbeitnehmers	60
	5.	Zustimmung des Arbeitnehmers unter vorheriger ausführlicher Aufklärung durch den Arbeitgeber	60
	6.	Datenschutzverpflichtung des Arbeitgebers und der weiteren am Verfahren beteiligten Personen	63
	7.	Beteiligung der zuständigen Interessenvertretungen	65
	8.	Ausgestaltung des BEM-Verfahrens	75
	9.	Auswirkungen des BEM auf krankheitsbedingte Kündigung bzw. das Verfahren im Rahmen des Kündigungsschutzprozesses	81
	10.	Auswirkung des BEM auf das Zustimmungsverfahren vor dem Integrationsamt	90
C.		**Resümee**	91
		Literaturverzeichnis	92
		Sachregister	95

Abkürzungen

a. A.	andere Ansicht
Abs.	Absatz
AE	Arbeitsrechtliche Entscheidungen (Zeitschrift)
ArbG	Arbeitsgericht
ArbRAktuell	Arbeitsrecht Aktuell (Zeitschrift)
Art.	Artikel
Az.	Aktenzeichen
BAG	Bundesarbeitsgericht
BAGE	Entscheidungssammlung des Bundesarbeitsgerichts
BB	Betriebs-Berater (Zeitschrift)
BDSG	Bundesdatenschutzgesetz
Beck RS	Beck online Rechtsprechung
BEM	Betriebliches Eingliederungsmanagement
BetrVG	Betriebsverfassungsgesetz
BGB	Bürgerliches Gesetzbuch
BPtK	Bundespsychotherapeutenkammer
BVerwG	Bundesverwaltungsgericht
DB	Der Betrieb (Zeitschrift)
d. h.	das heißt
EFZG	Entgeltfortzahlungsgesetz
EG	Europäische Gemeinschaft
EuGH	Europäischer Gerichtshof
EzA	Entscheidungssammlung zum Arbeitsrecht
ggf.	gegebenenfalls
i. V. m.	in Verbindung mit
JA	Juristische Arbeitsblätter
KSchG	Kündigungsschutzgesetz
LAG	Landesarbeitsgericht
LAGE	Entscheidungssammlung der Landesarbeitsgerichte
MDR	Monatsschrift für Deutsches Recht (Zeitschrift)
m. w. N.	mit weiterem Nachweis
NJW	Neue Juristische Wochenschrift (Zeitschrift)
NJW-RR	Neue Juristische Wochenzeitschrift Rechtsprechungs-Report (Zeitschrift)
NVwZ	Neue Zeitschrift für Verwaltungsrecht (Zeitschrift)
NZA	Neue Zeitschrift für Arbeitsrecht (Zeitschrift)

NZA-RR	Neue Zeitschrift für Arbeitsrecht Rechtsprechungs-Report (Zeitschrift)
NZS	Neue Zeitschrift für Sozialrecht (Zeitschrift)
RdA	Recht der Arbeit (Zeitschrift)
Rn.	Randnummer
RP	Rheinland-Pfalz
SGB	Sozialgesetzbuch
sog.	sogenannt
ZfA	Zeitschrift für Arbeitsrecht (Zeitschrift)
ZPO	Zivilprozessordnung
z. B.	zum Beispiel

A. Krankheitsbedingte Kündigung

I. Krankheitsbegriff

1. Medizinischer Krankheitsbegriff

Im Rahmen der krankheitsbedingten Kündigung ist nach vorherrschender Meinung zunächst von dem medizinischen Krankheitsbegriff auszugehen, um dann aus diesem heraus den arbeitsrechtlichen Krankheitsbegriff abzuleiten.[1] Dies wird damit begründet, dass der medizinische Krankheitsbegriff nicht gleichbedeutend mit dem arbeitsrechtlichen Begriff „Krankheit" ist.[2]

Der Begriff „Krankheit" im medizinischen Sinne ist nicht genau definiert. Krankheit ist danach ein ärztlich diagnostizierter körperlicher und/oder geistiger Zustand, der die Funktionstauglichkeit einschränkt und der vom Leitbild des gesunden Menschen gleichen Geschlechts und Alters nicht zu erwarten ist und daher eine Behandlungsbedürftigkeit gegeben ist.[3]

Die Anführung des Vergleiches mit dem Leitbild des gesunden Menschen gleichen Geschlechts und Alters ist erforderlich, da die Leistungs- und Konzentrationsfähigkeit im Alter gewöhnlich abnimmt, ohne dass hierdurch bereits eine Krankheit vorliegt. Eine Heilbarkeit der Krankheit ist hingegen nicht erforderlich, jedoch die Notwendigkeit einer Heilbehandlung.[4]

Durch den weitgefassten Krankheitsbegriff werden nicht nur körperliche Leiden, sondern auch seelische und psychosomatische Erkrankungen und Suchtkrankheiten erfasst.[5]

Aus diesem medizinischen Krankheitsbegriff folgt dann der arbeitsrechtliche Krankheitsbegriff, der in kündigungsrechtlichen Situationen eine Rolle spielt. Hierbei stellt sich nämlich die Frage, ob der Arbeitnehmer, bedingt durch die Krankheit, physisch oder psychisch in der Lage ist, die arbeitsvertragliche Leistung ordnungsgemäß zu erbringen.[6] Daher ist eine Kündigung aufgrund einer Krankheit zulässig und verstößt nicht gegen das Allgemeine Gleichbehandlungsgesetz.[7] Der EuGH hat hierzu entschieden, dass die

---

1 Lepke, S. 65; Schunder in: NZA-Beilage 2015, S. 90.
2 Rolfs in: BeckOK ArbR, KSchG § 1, Rn. 160.
3 Schunder in: NZA-Beilage 2015, S. 90; Roos in: DHHW, KSchG § 1, Rn. 68.
4 BAG 05.04.1976 – 5 AZR 397/75, DB 1976, S. 1386; Dörner/Vossen in: APS, KSchG § 1, Rn. 135.
5 Kerwer in: BDDH, KSchG § 1, Rn. 432.
6 BAG 25.06.1981 – 6 AZR 940/78, NJW 1982, S. 712.
7 Krause in: vHH/L, KSchG § 1, Rn. 362.

krankheitsbedingte Kündigung mit der Richtlinie 2000/78EG vereinbar sei.[8] Anders ist die kündigungsrechtliche Situation zu beurteilen, wenn die Beeinträchtigung der betrieblichen Belange auf eine Behinderung zurückzuführen ist. In diesem Fall sind die Bestimmungen des Allgemeinen Gleichbehandlungsgesetzes zu berücksichtigen.[9]

2. Krankheit und Arbeitsunfähigkeit

Ausgehend von der Herleitung des arbeitsrechtlichen Krankheitsbegriffs ist das Kernelement der Kausalzusammenhang zwischen der Erkrankung und der Nichterbringung der geschuldeten Leistung. Dieser Kausalzusammenhang wird allein nach objektiven Gesichtspunkten beurteilt.[10]

Sofern der Kausalzusammenhang nicht besteht, mithin der Arbeitnehmer sich krankmeldet, ohne arbeitsunfähig zu sein, liegt kein personenbedingter, sondern ein verhaltensbedingter Kündigungsgrund vor.[11]

Durch den Kausalzusammenhang wird deutlich, dass nicht jede Krankheit einen Kündigungsgrund darstellt, sondern lediglich dann zu beachten ist, wenn eine unmittelbare Auswirkung auf der Erbringung der Leistungspflicht im Rahmen des Arbeitsvertrages gegeben ist.

3. Kündigung während der Krankheit

Die Kündigung aufgrund einer Krankheit als solche ist nicht wirksam, es sei denn, von ihr geht eine dringende Auswirkung auf das Arbeitsverhältnis aus. Dies beinhaltet jedoch zugleich, dass die Kündigung während der Krankheit, entgegen einem in der Praxis häufigen Irrglaubens, wirksam ausgesprochen werden kann. Es besteht mithin keine irgendwie geartete Kündigungssperre.[12]

Dass die Möglichkeit besteht, auch während der Krankheit eine Kündigung auszusprechen, ergibt sich bereits aus § 8 Entgeltfortzahlungsgesetz.[13]

Aus dieser Bestimmung folgt, dass der Gesetzgeber ebenfalls davon ausgeht, dass eine Kündigung wegen Krankheit und trotz Krankheit möglich ist.[14] Daher ist die gegenteilige Entscheidung des LAG Hamm vom

---

8 EuGH 11.07.2006 – C 13/05, NZA 2006, S. 839.
9 Krause in: vHH/L, KSchG § 1, Rn. 362.
10 BAG 12.07.1998 – 9 AZR 130/97, NZA 1999, S. 33.
11 Erfk/Oetker, KSchG § 1, Rn. 113.
12 Erfk/Oetker, KSchG § 1, Rn. 110.
13 Lepke, S. 90.
14 Lepke, S. 90.

Kündigung während der Krankheit 3.

28.08.1992, Az.: 4 Sa 94/92, nicht heranzuziehen. Diese bestätigt vielmehr in unzutreffender Weise das Missverständnis in der betrieblichen Praxis, dass eine Kündigung trotz Krankheit und während der Krankheit nicht möglich sei. Umgekehrt führt das Urteil des LAG Kiel vom 26.08.1960, Az.: 1 Sa 14/60, zu weit, wenn es anführt, dass der Betrieb generell der Produktion dient und das Kündigungsschutzgesetz keine Aufgabe der Wohlfahrtspflege sei.[15] Diese Entscheidung greift zu weit, wenn man den Kündigungsschutz bei Krankheit einschränkt oder gar versagt. Zudem steht dies nicht im Einklang mit den Vorgaben des Gesetzgebers, der in § 1 KSchG die personenbedingte und somit auch die krankheitsbedingte Kündigung unter den Schutz genommen hat.[16]

Dieser Kündigungsschutz setzt voraus, dass das Kündigungsschutzgesetz entsprechend den Bestimmungen der §§ 1, 23 KSchG überhaupt Anwendung findet.

---

15 LAG Kiel 26.08.1960 – 1 Sa 14/60, DB 1960, S. 1339.
16 im Ergebnis, Lepke, S. 90.

II. Allgemeine Voraussetzung für den Kündigungsschutz im Rahmen des Kündigungsschutzgesetzes (KSchG)

1. Geltungsbereich des Kündigungsschutzgesetzes

Entsprechend der Vorschrift des § 23 KSchG gilt § 1 KSchG und somit der allgemeine Kündigungsschutz nur, sofern Betriebe und Verwaltungen die erforderliche Arbeitnehmeranzahl des § 1 Absatz 1 Satz 2 und Satz 3 KSchG aufweisen.

Die zuweilen in § 23 KSchG gerade für juristische Laien etwas verwirrend anmutende Unterscheidung im Hinblick auf die Mitarbeiteranzahl entstand durch eine Änderung dieser Bestimmung, die im Wesentlichen durch die Anhebung der Mitarbeiteranzahl, gültig ab dem 01.01.2004, ausgelöst wurde. Im Ergebnis wurde dadurch die Kündigungsfreiheit in Kleinstbetrieben gestärkt.[17]

Bis zur Gesetzesänderung am 31.12.2003 fand das KSchG keine Anwendung, wenn der Arbeitgeber nicht mehr als fünf Arbeitnehmer beschäftigte. Insofern galt das Kündigungsschutzgesetz für Betriebe und Verwaltungen bei einer Mitarbeiteranzahl ab 5. Ab dem 01.01.2004 gilt das KSchG erst, wenn der Arbeitgeber mehr als 10 Mitarbeiter beschäftigt, wobei nicht die Kopfzahl der Mitarbeiter zählt, sondern deren Arbeitszeit nach Arbeitsstunden. Insofern können in Betrieben und Verwaltungen auch mehr als 10 Mitarbeiter in Teilzeit beschäftigt sein, bevor erst eine Anwendung des KSchG gegeben ist.[18]

Für Betriebe und Verwaltungen, in denen am 31.12.2003 mehr als fünf Arbeitnehmer, aber weniger als 10 Arbeitnehmer beschäftigt waren, greift nunmehr die Bestandschutzregelung des § 23 Abs. 1 Satz 3 KSchG.[19] Danach gewährt diese Bestimmung noch den „Altarbeitnehmern", sofern deren Anzahl vor dem 31.12.2003 mehr als fünf betrug, weiterhin Kündigungsschutz. Für die Mitarbeiter, die ab dem 01.01.2004 eingestellt wurden, gilt hingegen die neue Regelung des Schwellenwertes von mehr als 10 Arbeitnehmern.[20] Sofern hingegen die Mitarbeiterzahl bezüglich der „Altarbeitnehmer" fünf oder darunter ist, erlischt auch deren Kündigungsschutz.[21]

---

17 HWK, KSchG § 23, Rn. 7.
18 ErfK/Kiel, KSchG § 23, Rn. 17; vgl. v. Hoyningen-Huene in: vHH/L, KSchG § 23, Rn. 31.
19 ErfK/Kiel, KSchG § 23, Rn. 9.
20 Quecke in: HWK, KSchG § 23, Rn. 11.
21 BAG 23.05.2013 – 2 AZR 541/12, NZA 2013, S. 1197.

Als weitere Voraussetzung bedarf es für den Kündigungsschutz nach § 1 KSchG einer Dauer des Arbeitsverhältnisses, ohne Unterbrechung, von länger als sechs Monaten. Entscheidend ist hierbei der Bestand des Arbeitsverhältnisses, eine konkrete Erfüllung der Arbeitsleistung ist für die Frage unerheblich.[22]

2. Kündigungsschutz außerhalb des Geltungsbereiches

Wie zuvor angeführt gilt: Findet das KSchG keine Anwendung, so kann auch die krankheitsbedingte Kündigung frei ausgesprochen werden. Ein Kündigungsschutz außerhalb des Geltungsbereiches der §§ 1, 23 KSchG wird nach der Rechtsprechung des BAG nur dann vorliegen, wenn die Kündigung willkürlich oder auf sachfremden Motiven beruht. Mithin, so die Rechtsprechung des BAG, ist eine Kündigung dann rechtsmissbräuchlich, wenn kein irgendwie einleuchtender Grund für den Ausspruch der Kündigung besteht.[23]

Dies entschied bereits zuvor das LAG Baden-Württemberg in einer Entscheidung vom 18.06.2007. So sah das Gericht eine Kündigung als wirksam an, nachdem der Kläger 25 Jahre in einem Kleinstbetrieb beschäftigt war und in den letzten 10 Jahren eine durchschnittliche Arbeitsunfähigkeitsquote von mehr als 40 Arbeitstagen aufzeigte.[24]

---

22 ErfK/Oetker, KSchG § 1, Rn. 24.
23 BAG 22.04.2010 – 6 AZR 828/08, DB 2010, S. 1353.
24 LAG Baden-Württemberg 18.06.2007 – 4 Sa 14/07, AE 2007, S. 323.

III. Zeitpunkt der Kündigung/Pflichten der Vertragsparteien

1. Maßgeblicher Zeitpunkt der Kündigung

Der maßgebliche Zeitpunkt für die Prüfung und Beurteilung der krankheitsbedingten Kündigung ist dabei der Zeitpunkt des Zugangs der Kündigungserklärung beim Kündigungsempfänger.[25]

2. Auskunftspflicht des Arbeitnehmers

Umstritten ist die Frage, ob der Mitarbeiter gegenüber dem Arbeitgeber eine Auskunftspflicht bezüglich seiner Krankheit hat. Ein Teil der Literatur bejaht die Auskunftspflicht unter dem Gesichtspunkt der Treuepflicht aus dem Arbeitsverhältnis.[26] Die herrschende Meinung verneint eine außergerichtliche Auskunftspflicht des Arbeitnehmers mangels einer gesetzlichen Anspruchsgrundlage.[27]

Ferner wird eine Auskunftspflicht vor dem Hintergrund verneint, dass das Prozessrisiko dem Arbeitgeber nicht genommen werden soll, da der Gesetzgeber dem Arbeitgeber die Darlegungs- und Beweislast aufgebürdet hat.[28] Die Krankenkassen sind hingegen nunmehr befugt, dem Arbeitgeber mitzuteilen, ob eine erneute Arbeitsunfähigkeit auf derselben Krankheit beruht oder aber Auskunft über die Fortdauer der Arbeitsunfähigkeit zu erteilen.[29]

3. Erkundigungspflicht des Arbeitgebers

In der Rechtsprechung und der Literatur wurde angenommen, dass eine Verpflichtung des Arbeitgebers besteht, sich im Falle der Krankheit vor dem Ausspruch der Kündigung über den Verlauf der Krankheit beim Arbeitnehmer zu unterrichten.[30]

Nunmehr vertritt jedoch das BAG die Meinung, dass das Fehlen einer Erkundigung durch den Arbeitgeber nicht zur Sozialwidrigkeit der ordentlichen krankheitsbedingten Kündigung führt.[31] Die Auffassung des BAG ist

---

25 BAG 07.11.2002 – 2 AZR 475/01, NZA 2003, S. 719; BAG 20.11.2014 – 2 AZR 664/13, NZA 2015, S. 931.
26 KR-Etzel, KSchG § 1, Rn. 367.
27 BAG 25.11.1982 – 2 AZR 140/81, NJW 1983, S. 2897; ErfK/Oetker, KSchG § 1, Rn. 121.
28 Lepke, S. 136.
29 Lepke, S. 136.
30 BAG 12.03.1968 – 1 AZR 413/67, AP Nr. 1 zu § 1 KSchG Krankheit.
31 BAG 25.11.1982 – 2 AZR 140/81, NJW 1983, S. 2897.

konsequent, denn andernfalls müsste das BAG den Arbeitnehmer zu einer entsprechenden Auskunftspflicht heranziehen.[32]

---

[32] Kerwer in: BDDH, KSchG § 1, Rn. 466, 467.

IV. Fallgruppen der krankheitsbedingten Kündigung

Sofern das KSchG Anwendung findet, wird bei der rechtlichen Prüfung einer krankheitsbedingten Kündigung vorab in vier Fallgruppen unterschieden:[33]
- Kündigung wegen häufiger Kurzerkrankungen (Fallgruppe 1)
- Kündigung wegen lang andauernder Erkrankung (Fallgruppe 2)
- Kündigung wegen dauerhafter, krankheitsbedingter Arbeitsunfähigkeit (Fallgruppe 3)
- Kündigung wegen krankheitsbedingter Minderung der Leistungsfähigkeit (Fallgruppe 4)

In allen 4 Fallgruppen erfolgt sodann die jeweilige Prüfung der krankheitsbedingten Kündigung mit dem von der Rechtsprechung entwickelten dreistufigen Prüfungsschema.

Dieses Prüfungsstufenschema[34] beinhaltet:
- Das Vorliegen einer negativen Gesundheitsprognose
- Das Bestehen von erheblichen Beeinträchtigungen betrieblicher Interessen
- Die Durchführung einer umfassenden Interessenabwägung

1. Fallgruppe 1: Häufige Kurzerkrankungen

1.1 Begriff

Von dem Begriff „Häufige Kurzerkrankungen", der in der Praxis den größten Teil der Kündigungen ausmacht[35], wird gesprochen, wenn der Arbeitnehmer mehrmals im Jahr erkrankt ist, ohne dass ein Grund und eine Grenze bzw. Muster[36] erkennbar ist. Kündigungsrechtlich relevant wird dieser Umstand erst, wenn die Fehltage des Arbeitnehmers ca. 20–30 % von der jährlichen Arbeitsleistung ausmachen.[37] Die zu beurteilenden Zeiträume der Erkrankung reichen hierbei von einem Tag bis zu mehreren Wochen.[38] Ein

---

33 Kerwer in: BDDH, KSchG § 1, Rn. 453; Roos in: DHHW, KSchG § 1, Rn. 70.
34 Richter in: ArbRAktuell 2015, S. 237; Schunder in: NZA-Beilage 2015, S. 92, der allerdings von 5 Fallgruppen ausgeht.
35 Roos in: DHHW, KSchG § 1, Rn. 73.
36 Kerwer in: BDDH, KSchG § 1, Rn. 455.
37 Roos in: NZA-RR 1999, S. 617; Schunder in: NZA-Beilage 2015, S. 93, hält 12 % für noch nicht ausreichend.
38 Schunder in: NZA-Beilage 2015, S. 92, mit Verweis auf die Entscheidung des BAG 23.09.1992 – 2 AZR 63/92, NZA 1993, S. 752.

wichtiges Kriterium dabei ist die Nichtvorhersehbarkeit des krankheitsbedingten Ausfalls.

1.2 Voraussetzungen

1.2.1 Negative Gesundheitsprognose

Die negative Gesundheitsprognose beinhaltet, dass zum Zeitpunkt der Kündigung der Arbeitgeber damit rechnen muss, dass der Arbeitnehmer auch zukünftig in erheblichem Umfang krankheitsbedingt arbeitsunfähig ist. Zur Beurteilung der Frage sollen dabei die bisherigen, objektiv feststellbaren Krankheitszeiten eine mittelbare Rolle spielen.[39]

Dabei soll für die Beurteilung der Prognose auf Indizien abgestellt werden, die sich aus den Fehlzeiten in der Vergangenheit ergeben. Im Ergebnis werden somit die Fehlzeiten, die in der Vergangenheit aufgetreten sind, herangezogen.[40] Umstritten ist dabei der maßgebliche Zeitraum, der herangezogen werden soll, in dem die bisherigen Krankheitstage aufgetreten sind. Das BAG hat in einer Entscheidung vom 19.05.1993[41] angegeben, dass ein Zeitraum von zwei bis drei Jahren ausreichend sei, um eine sichere Prognose abgeben zu können. Dabei könne aber auch ein kürzerer Zeitraum von z.B. 15 Monaten in Betracht kommen. In der Literatur und der instanzgerichtlichen Rechtsprechung wird von einem Zeitraum von 2 Jahren ausgegangen.[42] In einer neueren Entscheidung hat das BAG aber auch hervorgehoben, dass es keine starre zeitliche Regelung geben soll.[43]

Unabhängig von der Frage nach dem zeitlichen Rahmen ergibt sich aber, dass, je länger der Zeitraum im Hinblick auf die Darstellung der Fehlzeiten ausfällt, desto bestimmter auch die Prognose ist, die hieran geknüpft werden kann.[44]

Im Rahmen des aufgezeigten Zeitraumes muss allerdings ergänzend beachtet werden, dass die Indizwirkung nur von solchen Erkrankungen ausgeht, die auch eine Wiederholungsgefahr begründen.[45]

Daher fallen hierunter nicht Krankheiten, die bereits ausgeheilt sind.[46]

---

39 Dörner/Vossen in: APS, KSchG § 1, Rn. 140; BAG 10.11.2005 – 2 AZR 44/05, NZA 2006, S. 655.
40 Dörner/Vossen in: APS, KSchG § 1, Rn. 140.
41 BAG 19.05.1993 – 2 AZR 598/92, NZA 1993, S. 1075.
42 Kerwer in: BDDH, KSchG § 1, Rn. 457.
43 BAG 10.11.2005 – 2 AZR 44/05, NZA 2006, S. 655.
44 Kerwer in: BDDH, KSchG § 1 Rn. 457.
45 BAG 07.12.1989 – 2 AZR 225/89, NZA 1990, S. 658.
46 BAG 12.12.1996 – 2 AZR 7/96; Dörner/Vossen in: APS, KSchG § 1, Rn. 140.

Allerdings ist hiervon eine Ausnahme zu machen, wenn die Fehlzeiten aufgrund verschiedener ausgeheilter Krankheiten erfolgen und hierdurch ein Rückschluss auf eine unzureichende Konstitution oder besonderer Krankheitsauffälligkeit gezogen werden kann.[47] Der Wegfall einzelner Erkrankungen stellt die Anfälligkeit nicht infrage.[48] Derartige Fälle sind bei Entzündungserkrankungen und Erkältungserkrankungen[49] sowie Beschwerden des Bewegungsapparates gegeben.[50] Nicht in die Prognose einzubeziehen sind Krankheiten, die offensichtlich aus einer einmaligen Ursache[51] heraus entstanden sind, so Unfälle[52], aber auch akute Eingriffe, die die Krankheit damit beenden (z.B. einer Blinddarmoperation).[53] Etwas anderes könne aber dann gelten, wenn der Arbeitnehmer aufgrund von Sportunfällen mehrmals ausfalle. Hierbei könnte auf eine besondere Verletzungsanfälligkeit geschlossen werden.[54] Eine Besonderheit ist darin zu sehen, wenn nach dem Ausspruch der Kündigung ein Kausalverlauf in Gang gesetzt wird. Dieser Kausalverlauf wird jedoch bei der Beurteilung der negativen Gesundheitsprognose bezüglich der Wirksamkeit der Kündigung nicht berücksichtigt.[55] Spätere Entwicklungen, die eine negative Gesundheitsprognose widerlegen, sind vielmehr geeignet, einen möglichen Wiedereinstellungsanspruch zu begründen.[56]

Ein Wiedereinstellungsanspruch bedarf jedoch einer positiven Gesundheitsprognose, um begründet zu sein.[57] Insofern läuft der Arbeitgeber hier nicht Gefahr, wenn der Arbeitnehmer sich nach Ausspruch der Kündigung plötzlich ändern sollte, z.B. eine abgelehnte Therapie bzw. Operation durchführen möchte[58], oder wenn er seine Lebensführung ändert (z.B. gesündere Ernährung)[59] und die Kündigung nachträglich beeinflusst.[60]

---

47 BAG 10.11.2005 – 2 AZR 44/05, NZA 2006, S. 656.
48 BAG 20.11.2014 – 2 AZR 755/13, NZA 2015, S. 612; BAG 10.11.2005 – 2 AZR 44/05, NZA 2006, S. 655.
49 BAG 20.01.2000 – 2 AZR 378/99, NZA 2000, S. 798.
50 Kerwer in: BDDH, KSchG § 1, Rn. 458.
51 BAG 20.11.2014 – 7 AZR 755/13, NZA 2015, S. 612.
52 BAG 07.12.1989 – 2 AZR 225/89, NZA 1990, S. 658.
53 Dörner/Vossen in: APS, KSchG § 1, Rn. 141.
54 Dörner/Vossen in: APS, KSchG § 1, Rn. 141.
55 BAG 21.02.2001 – 2 AZR 558/99, NZA 2001, S. 1071; Lingemann/Ludwig in ArbAktuell 2010, S. 385.
56 BAG 19.04.1999 – 2 AZR 431/98, NZA 1999, S. 979.
57 BAG 17.06.1999 – 2 AZR 639/98, NZA 1999, S. 1331.
58 Kerwer in: BDDH, KSchG § 1, Rn. 465.
59 Kerwer in: BDDH, KSchG § 1, Rn. 462.
60 BAG 06.09.1989 – 2 AZR 118/89, NZA 1990, S. 305.

Fallgruppe 1: Häufige Kurzerkrankungen   1.

Liegt eine negative Indizwirkung vor, so hat der Arbeitnehmer gem. § 138 Abs. 2 ZPO darzulegen, weshalb mit einer baldigen Genesung zu rechnen ist, wobei es ausreicht, wenn er zunächst die Behauptung des Arbeitgebers bestreitet und vorträgt, dass die behandelnden Ärzte ihm eine gesundheitliche Entwicklung positiv beschieden hätten. Ergänzend muss er die behandelnden Ärzte von der Schweigepflicht entbinden.[61] Dabei muss der Arbeitnehmer nicht den Beweis führen, dass die Negativprognose nicht gerechtfertigt ist, es muss vielmehr die Indizwirkung der vergangenen Krankheitszeiten als verschlimmert angesehen werden, wenn die behandelnden Ärzte Zweifel an der Negativprognose erheben.[62]

1.2.2 Erhebliche Beeinträchtigungen betrieblicher Interessen

Als weitere Voraussetzungen bedarf es der erheblichen Beeinträchtigung betrieblicher Interessen. Diese können sowohl in der Gestalt der Betriebsablaufbestimmungen als auch in anderen Formen von wirtschaftlichen Belastungen des Arbeitgebers zu sehen sein.[63]

Selbst wiederholt kurzfristige Ausfallzeiten können zu einer Störung des Produktionsbetriebes führen.[64] Dabei sind die Störungen im Produktionsbetrieb vielfältig und umfassen hierbei z. B. den vollständigen Stillstand der Maschinen oder auch den Rückgang der Produktion.[65] Des Weiteren besteht in der Praxis die Problematik in der Erstellung der Schichtpläne[66] oder aber auch der Belastung des verbliebenen Mitarbeiterstamms.[67] Anders beurteilt sich die Betriebsablaufstörung, wenn der Arbeitgeber irgendwie geartete Überbrückungsmaßnahmen ergreift.[68] Überbrückungsmaßnahmen können hierbei vom Arbeitgeber eine Umorganisation der Arbeit[69], der Anordnung von Überstunden oder der Einsatz von Leiharbeitnehmern[70] darstellen.

---

61 BAG 07. 11. 2002 – 2 AZR 599/01, NZA 2003, S. 719.
62 BAG 06. 09. 1989 – 2 AZR 118/89, NZA 1990, S. 305; BAG 07. 11. 2002 – 2 AZR 599/01, NZA 2003, S. 719.
63 Roos in NZA-RR 1999, Rn. 618.
64 Dörner/Vossen in: APS, KSchG § 1, Rn. 155; BAG 06. 09. 1989 – 2 AZR 224/89, NZA 1990, S. 434.
65 Krause in: vHH/L, KSchG § 1, Rn. 402.
66 Kerwer in: BDDH, KSchG § 1, Rn. 476.
67 BAG 16. 02. 1989 – 2 AZR 299/88, NZA 1989, S. 923; Dörner/Vossen in: APS, KSchG § 1, Rn. 155.
68 BAG 16. 02. 1989 – 2 AZR 299/88, NZA 1989, S. 923.
69 Dörner/Vossen in: APS, KSchG § 1, Rn. 155.
70 Kerwer in: BDDH, KSchG § 1, Rn. 479.

IV. Fallgruppen der krankheitsbedingten Kündigung

Der Arbeitgeber ist jedoch nicht verpflichtet, eine Personalreserve vorzuhalten.[71] Hat der Arbeitgeber hingegen eine Personalreserve, so muss er diese auch einsetzen, um die betrieblichen Ablaufstörungen zu verhindern.[72]

Die betriebliche Ablaufstörung bedarf dabei auch einer Erheblichkeit; mithin muss diese über gelegentliche Überstunden von Arbeitskollegen und somit geringe Störungen hinausgehen.[73] Neben den zuvor aufgeführten Betriebsablaufstörungen sind bei der Beurteilung der erheblichen Beeinträchtigung betrieblicher Interessen auch die wirtschaftlichen Belastungen zu berücksichtigen. Dies sind Kosten der Überbrückungsmaßnahmen, wie z. B. Bezahlung von Überstunden oder die lohnpflichtige Beschäftigung von Aushilfskräften.[74]

Umstritten ist, ob unter diesem Prüfungspunkt auch die Entgeltfortzahlungskosten zu zählen sind. Ein Teil der Literatur[75] sieht die Entgeltfortzahlungskosten nicht als kündigungsrechtlich relevant, zum Teil sogar als einen Wertungswiderspruch zu § 612a BGB an. Das BAG sieht hingegen auch die Leistung von Entgeltfortzahlungskosten durch den Arbeitgeber als eine erhebliche Störung des Austauschverhältnisses und somit als eine erhebliche Beeinträchtigung betrieblicher Belange an.[76] Allerdings ist zu berücksichtigen, dass von der Rechtsprechung das BAG Entgeltfortzahlungskosten nur dann als relevant angesehen werden, wenn diese eine Zeit von mehr als sechs Wochen übersteigen.[77] Unterhalb der 6-Wochen-Grenze geht das Gericht davon aus, dass eine Erheblichkeit nicht gegeben ist.[78] Jedoch stellt die Rechtsprechung nicht hinreichend klar, wann die Schwelle der Erheblichkeit überschritten ist, so ein Kritikpunkt der Praxis. Insofern besteht hier, aufgrund der unbestimmten Rechtsbegriffe, ein Unsicherheitsfaktor[79] zulasten des Arbeitgebers.[80] Der 6-Wochen-Zeitraum hingegen gilt auch dann, wenn der Arbeitgeber aufgrund eines Tarifvertrages über einen längeren Zeitraum Entgeltfortzahlung leisten muss.[81]

---

71 BAG 29.07.1993 – 2 AZR 155/93, NZA 1994, S. 67.
72 Dörner/Vossen in: APS, KSchG § 1, Rn. 155; BAG 02.11.1989 – 2 AZR 23/89, BeckRS 1989, 30732323.
73 Dörner/Vossen in: APS, KSchG § 1, Rn. 155; Kerwer in: BDDH, KSchG § 1, Rn. 480.
74 BAG 16.02.1989 – 2 AZR 299/88, NZA 1989, S. 923.
75 ErfK/Oetker, § 1 KSchG, Rn. 141 mit Darstellung des Meinungsstreits.
76 BAG 15.02.1984 – 2 AZR 573/82, NZA 1984, S. 86.
77 BAG 10.11.2005 – 2 AZR 44/05, NZA 2006, S. 655; Dörner/Vossen in: APS, KSchG § 1, Rn. 161.
78 BAG 10.11.2005 – 2 AZR 44/05, NZA 2006, S. 655; Dörner/Vossen in: APS, KSchG § 1, Rn. 161.
79 vgl. Kasper in: NJW 1994, S. 2980.
80 Kasper in: NJW 1994, S. 2981, der eine notwendige Rückkehr zum Vertragsrecht fordert.
81 ErfK/Oetker, KSchG § 1, Rn. 144.

Kommen allerdings zu den Entgeltfortzahlungskosten noch betriebliche Ablaufstörungen hinzu, kann der 6-Wochen-Zeitraum auch unterschritten werden.[82]

1.2.3 Interessenabwägung

Sofern im Rahmen der Prüfung der personenbedingten/krankheitsbedingten Kündigung die negative Gesundheitsprognose und die erheblichen Beeinträchtigungen der betrieblichen Interessen gegeben sind, liegt ein Kündigungsgrund vor. Nach der Rechtsprechung des BAG bedarf es dann noch ergänzend einer Interessenabwägung.[83]

Danach ist die personenbedingte Kündigung nur dann sozial gerechtfertigt im Sinne des § 1 Abs. 2 KSchG, wenn sich nach den Umständen des Einzelfalls, im Rahmen einer umfassenden Interessenabwägung zwischen den prognostizierten Belastungen des Arbeitgebers und den Folgen der Kündigung aufseiten des Arbeitnehmers, die Interessen des Arbeitgebers überwiegen.[84] Insofern wird überprüft, ob die betrieblichen oder wirtschaftlichen Beeinträchtigungen vom Arbeitgeber noch hinzunehmen sind oder ein solches Ausmaß erreicht haben, dass diese nicht mehr tragbar sind.[85]

In Teilen der Literatur wird eine umfassende Interessenabwägung, wie sie vom BAG gefordert wird, als zu umfassend angesehen und eine Eingrenzung gefordert. Die Abwägung soll hierbei nur die Interessen umfassen, die auch einen Bezug zum Arbeitsverhältnis haben.[86]

Dies bedeutet, dass Unterhaltspflichten und die familiäre Situation nach dieser Meinung keine Berücksichtigung fänden. Dieser Ansicht wird jedoch von dem BAG und der herrschenden Meinung nicht gefolgt. Vielmehr gilt hier im Rahmen der Interessenabwägung, bei der zunächst sämtliche Umstände zu berücksichtigen sind, dass eine Abnahme der Gewichtung bei den Kriterien erfolgt, die nicht unmittelbar mit dem Arbeitsverhältnis im Zusammenhang stehen.[87] Dem Gedanken nach handelt es sich hierbei um eine Abstufung innerhalb der Interessenabwägung.

Im Laufe der Rechtsprechung haben sich einige Umstände herauskristallisiert, die zugunsten des Arbeitnehmers zu berücksichtigen sind.

---

82 BAG 06.09.1989, NZA 1990, S. 436.
83 BAG 07.11.1985 – 2 AZR 657/84, NZA 1986, S. 360.
84 Dörner/Vossen in: APS, KSchG § 1, Rn. 168.
85 ErfK/Oetker, KSchG § 1, Rn. 147; BAG 10.11.2005, NZA 2006, S. 656.
86 Dörner/Vossen in: APS, KSchG § 1, Rn. 184.
87 Kerwer in: BDDH, KSchG § 1, Rn. 493 mit Verweis auf BAG 20.01.2000 – 2 AZR 378/99, NZA 2000, S. 771.

a.) Ursachen der Erkrankung

Einhellig wird die Ursache der Krankheit in eine Interessenabwägung miteinbezogen. Hierbei wird der Erkrankung infolge betrieblicher Umstände eine besondere Bedeutung beigemessen[88], insbesondere, wenn diese auf betriebliche Ursachen zurückzuführen ist.[89]

Insofern ist ggf. auch zu überprüfen, ob sogar ein Verschulden des Arbeitgebers im Rahmen seiner Fürsorgepflicht vorliegt, die letztlich zur Erkrankung des Arbeitnehmers geführt hat.[90] Eine Verletzung der Fürsorge des Arbeitgebers wäre zum Beispiel in einem Unterlassen von notwendigen Schutz- und Sicherungsmaßnahmen zu sehen.[91] Aber auch eine Überlastung aufgrund eines bestehenden Personalmangels oder einer langjährigen schweren Tätigkeit können eine Ursache bilden.[92] Der Arbeitnehmer muss jedoch die Kausalität zwischen Umständen am Arbeitsplatz und den krankheitsbedingten Fehlzeiten darlegen, wenn der Arbeitgeber diese bestreitet. Hierbei kann er als Indiz eine vergleichbare Fehlquote von Arbeitskollegen heranziehen.[93]

Der Arbeitgeber muss sodann, nach dem Vortrag des Arbeitnehmers, der angeführten Kausalität entgegentreten und beweisen, dass ein derartiger Zusammenhang gerade nicht besteht.[94] Bleibt die Sachlage auch nach der Beweisaufnahme ungeklärt, so geht dies zulasten des Arbeitgebers.[95]

Neben den bereits angeführten Fehlzeiten von Kollegen des betroffenen Arbeitnehmers sind auch nähere Umstände der ausgeübten Tätigkeit selbst zu berücksichtigen. So hat das BAG in seiner Entscheidung vom 07.11.2002 angeführt, dass überdurchschnittliche Arbeitsunfähigkeitszeiten auch durch einen Wechsel zwischen einer warmen und kalten Arbeitsumgebung sowie Dämpfe und Säuren hervorgerufen werden kann. Des Weiteren seien auch die Arbeitszeiten des Arbeitnehmers zu berücksichtigen. Im vorliegenden Fall hatte der Kläger monatlich zwischen 230 und 240 Stunden gearbeitet, sodass dieser Aspekt zugunsten des Arbeitnehmers zu berücksichtigen ist.[96]

Von besonderer Bedeutung ist die Frage, ob die krankheitsbedingte Arbeitsunfähigkeit durch einen Betriebsunfall entstanden ist und der

---

88 BAG 06.09.1989 – 2 AZR 224/89, NZA 1990, S. 434.
89 Krause in: vHH/Linck, KSchG § 1, Rn. 413.
90 Lepke, S. 208.
91 Dörner/Vossen in: APS, KSchG § 1, Rn. 174.
92 Kerwer in: BDDH, KSchG § 1, Rn. 494.
93 Kerwer in: BDDH, KSchG § 1, Rn. 494.
94 BAG 05.07.1990 – 2 AZR 154/90, NZA 1991, S. 185.
95 Krause in: vHH/Linck, KSchG § 1, Rn. 415.
96 BAG 07.11.2002 – 2 AZR 599/01, NZA 2003, S. 719.

betroffene Arbeitnehmer hierfür die Ursachen gesetzt hat.[97] Die Frage nach der Ursache ist auch dann entscheidend, wenn der Arbeitnehmer die Ursache für seine Arbeitsunfähigkeit selbst gesetzt und somit auch verschuldet hat.[98] Ein Verschulden ist z. B. in der übermäßigen Ausübung einer Nebentätigkeit unter Überschreitung der Grenze des Arbeitszeitgesetzes oder auch in einer übermäßigen sportlichen Betätigung zu sehen.[99]

b.) **Vergleich mit der Fehlquote der Arbeitskollegen**
In einer Interessenabwägung ist auch die Höhe der Fehlzeiten aufgrund der Arbeitsunfähigkeit zu berücksichtigen, im Vergleich zu den krankheitsbedingten Fehlquoten seiner Arbeitskollegen. Befinden sich die beiden vergleichbaren Fehlquoten auf einer Ebene, so ist dies zugunsten des Arbeitnehmers zu werten. Es bedarf dann einer noch erhöhten Fehlquote, um die Kündigung zu rechtfertigen.[100]

c.) **Lange störungsfreie Betriebszugehörigkeit**
Die Dauer der Betriebszugehörigkeit des Arbeitnehmers spielt bei der Interessenabwägung ebenfalls eine erhebliche Rolle. Verkürzt ausgedrückt bedeutet dies, dass der Arbeitnehmer schutzwürdiger ist, desto länger das Arbeitsverhältnis beanstandungsfrei bestanden hat.[101] Dies bedeutet auch umgekehrt, dass bei kurzen Arbeitsverhältnissen, die bereits durch krankheitsbedingte Fehlzeiten belastet waren, geringere Anforderungen im Rahmen der Interessenabwägung zu stellen sind.[102]
Im Rahmen der Überprüfung des störungsfreien Verlaufs des Arbeitsverhältnisses sind dabei auch Fehlzeiten, bei denen keine Wiederholungsgefahr besteht oder aber die unterhalb des Entgeltfortzahlungszeitraums liegen, mit zu berücksichtigen.[103]

Hat der Arbeitgeber bei Einstellung des Arbeitnehmers bereits Kenntnis von einer chronischen Erkrankung, so stellt sich die Frage, ob dies im Rahmen der Interessenabwägung zugunsten des Arbeitnehmers zu berücksichtigen ist. Diese Frage ist in der Literatur umstritten. Das

---

97 Dörner/Vossen in: APS, KSchG § 1, Rn. 174.
98 Kerwer in: BDDH, KSchG § 1, Rn. 495.
99 Dörner/Vossen in: APS, KSchG § 1, Rn. 175 m. w. N.
100 BAG 15.02.1984 – 2 AZR 573/82, NZA 1984, S. 87; BAG 10.05.1990 – 2 AZR 580/89, EzA § 1 KSchG Krankheit Nr. 31.
101 BAG 15.02.1984 – 2 AZR 573/82, NZA 1984, S. 87; BAG 05.07.1990 – 2 AZR 154/90, NZA 1991, S. 188.
102 Dörner/Vossen in: APS, KSchG § 1, Rn. 184.
103 Kerwer in: BDDH, KSchG § 1, Rn. 498.

BAG hat dies im Ergebnis bejaht.[104] Demgegenüber führen Vertreter der Literatur an, dass der Arbeitgeber im Kern nicht bestraft werden darf, weil er einem Arbeitnehmer mit einer chronischen Erkrankung eine Chance gegeben hat, eine Tätigkeit auszuüben und darauf vertraute, dass mögliche Fehlzeiten nicht eintreten werden.[105]

d.) Unterhaltspflichten und familiäre Situation

Umstritten ist die Frage, ob die familiäre Situation und die Unterhaltspflichten des Arbeitnehmers innerhalb der Interessenabwägung zu berücksichtigen sind. Die Gegner tragen hierzu vor, dass ein Bezug zum Arbeitsverhältnis nicht besteht und daher diese Aspekte nicht innerhalb der Interessenabwägung zu berücksichtigen sind.[106]

Das BAG führt in seiner Rechtsprechung jedoch weiterhin aus, dass die Unterhaltspflichten des Arbeitnehmers zu den gegenüber den gesetzlich zu versorgenden Kindern und des Ehegatten/Lebenspartners grundsätzlich zu berücksichtigen sind.[107] Das BAG argumentiert hierbei damit, dass der Arbeitgeber beim Abschluss des Arbeitsvertrages erkennen kann, dass der Arbeitnehmer seine Arbeit aufnimmt, um Unterhaltspflichten nachzukommen.[108] Bei dieser Argumentation dürfte auch eine Rolle spielen, dass der Verlust des Arbeitsplatzes durch eine arbeitgeberseitige Kündigung weitergehende, über die reine Beendigung des Arbeitsverhältnis hinausgehende Auswirkungen hat, wie z. B. auch auf Familienmitglieder, die ggf. von dem Einkommen des Arbeitnehmers finanziell abhängig sind. Insofern gilt, je mehr Unterhaltspflichten der Arbeitnehmer hat, desto schutzwürdiger ist er auch zu betrachten.[109]

e.) Länge der Betriebszugehörigkeit und das Alter des Arbeitnehmers

Die zunehmende Länge der Betriebszugehörigkeit wirkt sich zugunsten des Arbeitnehmers aus, da nach der Ansicht der herrschenden Meinung damit auch die Fürsorgepflicht des Arbeitgebers steigt.[110]

Auch das Alter des Arbeitnehmers ist im Rahmen der Interessenabwägung zu berücksichtigen. Dieser Aspekt ist im Zusammenhang damit zu sehen, dass ältere Arbeitnehmer, die womöglich ihr ganzes Berufsleben bei einem Arbeitgeber gearbeitet haben, geringere Chancen haben, eine

---

104 BAG 10.06.1969 – 2 AZR 94/68, NJW 1969, S. 1871; so auch Dörner/Vossen in: APS, KschG § 1, Rn. 178 und Roos in: DHHW, KSchG § 1, Rn. 91.
105 Krause in: vHH/L, KSchG § 1, Rn. 414; ausführliche Darstellung des Meinungsstreits in Kerwer in: BDDH, KSchG § 1, Rn. 500.
106 Lepke, S. 214; Schaub/Linck, § 131 Rn. 41.
107 BAG 20.01.2000 – 2 AZR 378/99, BB 2000, S. 1300.
108 BAG 08.11.2007 – 2 AZR 292/06, NZA 2008, S. 593.
109 Kerwer in: BDDH, KSchG § 1, Rn. 504.
110 Lepke, S. 212.

neue Anstellung zu finden und somit bei dem Verlust des Arbeitsplatzes härter betroffen sind, als jüngere Arbeitnehmer.[111] Darüber hinaus muss bei älteren Arbeitnehmern vermehrt mit Fehlzeiten gerechnet werden, als bei jüngeren Arbeitnehmern.[112] Ältere Arbeitnehmer sind in der Regel zwar nicht so häufig erkrankt, wie jüngere Arbeitnehmer, dafür aber über einen längeren Zeitraum.[113]

f.) Chancen auf dem Arbeitsmarkt

Im Zusammenhang mit dem Alter des Arbeitnehmers ist in der Praxis auch die Chance auf eine neue Anstellung zu sehen. Vor diesem Hintergrund sind negative bzw. geringe Chancen auf dem Arbeitsmarkt zugunsten des Arbeitnehmers zu werten.[114]

g.) Störungen des Betriebsablaufs und Größe des Betriebs

Die Störung des Betriebsablaufs im Zusammenhang mit der Betriebsgröße spielt bei der Abwägung der beidseitigen Interessen eine erhebliche Rolle.[115]

In der Regel ist in einem Kleinbetrieb der wiederholte Ausfall einer Arbeitskraft schwerer auszugleichen als in einem Großbetrieb, der ggf. noch eine Personalreserve vorhält.[116] Weiterhin ist auch zu berücksichtigen, ob durch den krankheitsbedingten Arbeitsausfall ersatzweise durchzuführende Tätigkeiten zu einer Leistungs- bzw. Arbeitsverdichtung führen und damit auch zu einer zusätzlichen Verärgerung der von der Tätigkeit betroffenen Mitarbeiter bzw. Kollegen.[117]

Darüber hinaus ist auch zu berücksichtigen, ob der Mitarbeiter seine Arbeitsleistung im Team zu erbringen hat und das Team nur seinen Arbeitserfolg mit der vollständigen Anwesenheit aller Teammitglieder erbringen kann.[118]

Im Rahmen der Prüfung der Störung des Betriebsablaufes ist zu klären, ob der Arbeitgeber über eine Personalreserve verfügt. Dabei gibt es keine Verpflichtung zum Vorhalten einer Personalreserve.[119] Hat der Arbeitgeber hingegen eine Personalreserve vorbehalten, so sind die Kos-

---

111 Lepke, S. 213.
112 Roos in: DHHW, KSchG § 1, Rn. 91.
113 Lepke, S. 211, 212 mit Verweis auf den Gesundheitsreport der BKK aus 2010 und der DAK aus 2011, s. hierzu auch Schunder in NZA-Report 2015, S. 90, mit der Darstellung der Krankenstände 2013/2014.
114 Dörner/Vossen in: APS, KSchG § 1, Rn. 181.
115 Lepke, S. 217.
116 Kerwer in: BDDH, KSchG § 1, Rn. 505.
117 BAG 10.11.1983 – 2 AZR 291/82, NJW 1984, S. 1417.
118 LAG Hamm 15.12.1981 – 6 Sa 1219/81, NJW 1982, S. 713.
119 Krause in: vHH/L, KSchG, § 1, Rn. 401.

ten hierfür bei der Ermittlung der wirtschaftlichen Belastung zugunsten des Arbeitgebers mit einzubeziehen.[120] Zu überprüfen ist hierbei auch, ob dem Arbeitgeber anderweitige Überbrückungsmaßnahmen zur Verfügung stehen und die Umsetzung für ihn zumutbar ist. Zu denken wäre hierbei an den Einsatz von Aushilfskräften.[121] Dies ist jedoch bei häufigen Kurzerkrankungen mit einer unterschiedlichen Dauer der Erkrankung nur schwerlich möglich.[122] Zudem ist auch die Position und Aufgabenstellung des erkrankten Arbeitnehmers zu berücksichtigen. Je höher die Position und je spezieller das Aufgabenfeld ist, desto schwieriger ist dieser Arbeitnehmer durch eine Aushilfe zu ersetzen.[123] Schließlich ist auch die wirtschaftliche Lage des Arbeitgebers im Rahmen der Zumutbarkeit von Überbrückungsmaßnahmen zu berücksichtigen, die ggf. auch mit der Größe des Betriebes einhergeht.[124]

2. Fallgruppe 2: Lang andauernde Erkrankung

2.1 Begriff

Auch bei der zeitlich lang anhaltenden Erkrankung kommt grundsätzlich eine sozial gerechtfertigte Kündigung in Betracht. Der Begriff „lang anhaltende Erkrankung" ist gesetzlich nicht erfasst. Vielmehr umschreibt dieser einen Umstand, dass ein Arbeitnehmer über einen längeren Zeitraum, ohne dass die Genesung bereits abgeschlossen ist, seiner Arbeitsleistung nicht nachkommen kann.[125] Dabei gilt, dass es keine Mindestdauer gibt, ab dem der feststehende Begriff der lang andauernden Erkrankung gilt und ab dem eine Kündigung ausgesprochen werden kann.[126]

Umstritten ist hierbei, ob zur Heranziehung des Begriffes der lang andauernden Erkrankung mindestens eine Krankheitszeit von sechs Wochen gem. § 3 Abs. 1 EFZG vorliegen muss, die der Arbeitgeber sodann abzuwarten hat, bevor er die Kündigung aussprechen kann.[127]

---

120 BAG 16.02.1989 – 2 AZR 299/88, NZA 1989, S. 923; Roos in: DKKW, KSchG § 1, Rn. 90.
121 Dörner/Vossen in: APS, KSchG § 1, Rn. 182.
122 BAG 16.02.1989 – 2 AZR 299/88, NZA 1989, S. 923.
123 Kerwer in: BDDH, KSchG § 1, Rn. 505.
124 Dörner/Vossen in: APS, KSchG § 1, Rn. 182, BAG 22.02.1980 – 7 AZR 295/78, NJW 1981, S. 298.
125 Roos in: NZA-RR 1999, S. 619.
126 Kerwer in: BDDH, KSchG § 1, Rn. 508.
127 ErfK/Oetker, KSchG § 1, Rn. 131.

Diese Ansicht ist zwar praktikabel, jedoch ist der Grundgedanke der krankheitsbedingten Kündigung in allen Fällen vereinbar. Ein Kernelement der krankheitsbedingten Kündigung ist dabei die negative Gesundheitsprognose, mithin eine Orientierung hin zu einer in die Zukunft gerichteten Bewertung.[128] Dies bedeutet, dass auch unterhalb des Sechs-Wochen-Zeitraumes eine Kündigung ausgesprochen werden kann, wenn bereits erkennbar ist, dass die Arbeitsunfähigkeit länger andauern wird, z. B. bei einem Verkehrsunfall von einer gewissen Schwere.[129]

2.2 Voraussetzungen

2.2.1 Negative Gesundheitsprognose

Auch bei der lang anhaltenden Erkrankung ist vorliegend grundsätzlich eine negative Gesundheitsprognose erforderlich. Dabei wird auf den Zeitpunkt des Zugangs der Kündigungserklärung abgestellt.[130]

Zur Bestimmung der negativen Prognose kann als Indiz die Dauer der bisherigen Arbeitsunfähigkeitszeiten herangezogen werden, da damit eine Beurteilung bezüglich der zu erwartenden Fehlzeiten möglich wird.[131]

In der Literatur und Rechtsprechung ist umstritten, ab welchem Zeitraum man von einer Ungewissheit der Wiederherstellung der Gesundheit des Arbeitnehmers ausgehen kann.

Auch die Rechtsprechung ist in diesem Zusammenhang nicht einheitlich. Zum Teil wird die Voraussetzung der Ungewissheit bezüglich der Wiederherstellung und somit der ersten Prüfungsstufe bereits bei einem vergangenen Zeitraum von 10 Monaten[132], teilweise von 11 Monaten[133] als gegeben angenommen. Hingegen liegt die Voraussetzung bei einem Zeitraum von rund 5 1/2 Monaten[134] ebenso wenig vor, wie bei einer vier Monate andauernden Arbeitsunfähigkeit aufgrund eines Burn-Out-Syndroms.[135] Das LAG Rheinland-Pfalz hat eine Kündigung, nach einer rund 1 1/2 Jahren andauernden Erkrankung, für rechtens angesehen.[136]

---

128 Dörner/Vossen in: APS, KSchG § 1, Rn. 145.
129 Krause in: vHH/L, KSchG § 1, Rn. 420; Lepke, S. 139.
130 BAG 25. 11. 1982 – 2 AZR 140/81, NJW 1983, 2897.
131 Lepke, S. 139.
132 LAG Hamm 24. 06. 1999 – 8 Sa 2071/98, NZA 2000, 320.
133 Hess. LAG 13. 03. 2001 – 2/9 Sa 1288/00, NZA-RR 2002, 22.
134 LAG Schleswig-Holstein 09. 09. 2009, LAGE Nr. 45 zu § 1 KSchG Krankheit, S. 6.
135 LAG Köln 12. 01. 2010 – 12 Sa 429/09, Beck RS 2010, 69204.
136 LAG Rheinland-Pfalz 17. 09. 2009 – 11 Sa 227/09, Beck RS 2010, 65468.

Das BAG hat bei einer ununterbrochenen Fehlzeit von 18 bzw. 24 Monaten von einer lang andauernden Erkrankung gesprochen.[137] Eine klare zeitliche Grenze wird aber vom BAG abgelehnt. In der Literatur wird diese Grenze von 24 Monaten mit dem Verweis des BAG auf § 14 Abs. 2 TzBfG als „überspannt" und mit der Begründung nicht haltbar angesehen, da der Verweis auf eine befristete Beschäftigung zur zweiten Prüfungsstufe gehört und nicht in die erste, nämlich der negativen Gesundheitsprognose.[138]

Vor dem Hintergrund der unterschiedlichen Entscheidungen wird bereits sichtbar, dass die Rechtsprechung gerade keinen festen Rahmen vorgibt, an dem sich die Praxis orientieren könnte, sondern vertritt die Meinung, dass stets die Umstände des Einzelfalles entscheiden sollen.[139] Festzuhalten bleibt, dass im Rahmen der Negativprognose das entscheidende Element ist, dass das Ende der Arbeitsunfähigkeit noch nicht objektiv absehbar ist und somit auch die Ungewissheit über die Rückkehr und damit auch die Planbarkeit des Arbeitgebers nicht gegeben ist.[140]

Letztendlich wird die Beurteilung eines medizinischen Sachverständigen erforderlich sein, um die Dauer der Arbeitsunfähigkeit festzustellen.[141]

Bei der Beurteilung der Dauer der Arbeitsunfähigkeit und der Frage der möglichen Genesung ist auch zu berücksichtigen, ob eine Heilbehandlung beim Arbeitnehmer ansteht. Kündigt der Arbeitgeber vor Antritt der Heilbehandlung, so ist die Kündigung als rechtswidrig anzusehen.[142] Dies gilt insbesondere dann, wenn mit einem Erfolg der Heilbehandlung zu rechnen ist bzw. dieser objektiv nicht ausgeschlossen werden kann.[143]

2.2.2 Erhebliche Beeinträchtigungen betrieblicher Interessen

Im Gegensatz zur feststehenden dauernden Arbeitsunfähigkeit müssen die erheblichen betrieblichen Beeinträchtigungen im Fall der lang andauernden Erkrankung geprüft werden.

Im Rahmen der wirtschaftlichen Belastungen spielen Kosten resultierend aus der Entgeltfortzahlung nur eine untergeordnete Rolle, da der Arbitneh-

---

137 BAG 21.05.1992 – 2 AZR 399/91, NZA 1993, 497; BAG 29.04.1999 – 2 AZR 431/98, AP KSchG § 1 Nr. 36.
138 Krause in: vHH/L, KSchG § 1, Rn. 424.
139 BAG 25.11.1982 – 2 AZR 140/81, NJW 1983, 2897.
140 Kerwer in: BDDH, KSchG § 1, Rn. 510.
141 Dörner/Vossen in: APS, KSchG § 1, Rn. 188; Krause in: vHH/L, KSchG § 1, Rn. 421.
142 Lepke, S. 144.
143 Lepke, S. 144.

Fallgruppe 2: Lang andauernde Erkrankung 2.

mer in diesem Falle bereits aus dem Zeitraum der Entgeltfortzahlung herausgefallen ist.[144]

Bei den wirtschaftlichen Belastungen wird hingegen zu berücksichtigen sein, ob der erkrankte Mitarbeiter noch Sonderzahlungen, z.B. aufgrund eines Arbeitsvertrages oder Tarifvertrages erhält, die allein vom Bestand des Arbeitsverhältnisses abhängig sind.[145] Aber auch der Umstand, dass dem erkrankten Mitarbeiter auch nach Ablauf des Urlaubsjahres und des Übertragungszeitraums Urlaub zusteht, ist zu prüfen. Auch wenn dies aufgrund der Entscheidung des EuGH mit der Begrenzung auf 15 Monate nach Ablauf des Urlaubsjahres an Bedeutung verloren hat, stellt dies trotzdem eine wirtschaftliche Belastung dar.[146]

Im Rahmen der Prüfung der Betriebsablaufstörungen ist eine der entscheidenden Fragen nach den Überbrückungsmaßnahmen seitens des Arbeitgebers und ob es diesem möglich ist, diesen Maßnahmen z.B. durch Einstellung von Aushilfskräften, der Durchführung von Über- oder Mehrarbeit oder einer personellen Umorganisation zu begegnen.[147] Die Kosten der Überbrückungsmaßnahmen sind dabei auch in Relation zu den Personalkosten des arbeitsunfähigen Arbeitnehmers zu setzen. Dabei kann es auch auf die Stellung des Arbeitnehmers im Betrieb ankommen, insbesondere, ob dieser leicht zu ersetzen ist.[148]

Die Frage der Zumutbarkeit stellt dabei den Grundsatz der Verhältnismäßigkeit dar mit der Folge, dass der Arbeitgeber bei einem langjährig beschäftigten Arbeitnehmer eine längere Zeit Überbrückungsmaßnahmen aufrechterhalten muss als bei einem kurzfristig beschäftigten Arbeitnehmer.[149]

Weiterhin ist zu prüfen, ob der Arbeitgeber den betroffenen Arbeitnehmer an einem anderen Arbeitsplatz weiterbeschäftigen kann und er diesen Arbeitsplatz ggf. per Direktionsrecht, sofern dieser besetzt ist, freimachen muss.[150] Zu berücksichtigen ist hierbei aber, dass nur eine gleichwertige Beschäftigung in Betracht kommt. Eine Beförderung scheidet aus.[151]

---

144 Krause in: vHH/L, KschG § 1, Rn. 425.
145 ErfK/Oetker, KSchG § 1, Rn. 130.
146 Kerwer in: BDDH, KSchG § 1, Rn. 512; ErfK/Oetker, KSchG § 1, Rn. 130a.
147 ErfK/Oetker, KSchG § 1, Rn. 133.
148 Roos in: DKKW, KSchG § 1, Rn. 95.
149 BAG 22.02.1980 – 7 AZR 1995/78, NJW 1981, 298; Roos in: DKKW, KSchG §, 1 Rn. 95.
150 BAG 12.07.2007 – 2 AZR 716/06, NZA 2008, 173.
151 BAG 19.04.2007 – 2 AZR 239/06, NZA 2007, 1041.

2.2.3 Interessenabwägung

Die Prüfung der Interessenabwägung ist nach den gleichen Kriterien durchzuführen, wie bei der Prüfung der häufigen Kurzerkrankungen auch. Insofern sind hier auch die einzelnen Umstände, wie das Lebensalter des Arbeitnehmers, die Dauer der Betriebszugehörigkeit, die bestehenden Unterhaltspflichten, der Familienstand, die Ursachen der Krankheit, die Chancen auf dem Arbeitsmarkt und die wirtschaftliche Lage und Größe des Betriebes zu berücksichtigen.[152]

Entscheidet sich der Arbeitnehmer, aufgrund der gesundheitlichen Beeinträchtigung lediglich eine Teilleistung zu erbringen, so ist die Kündigung nur dann sozial gerechtfertigt, wenn diesem Angebot kein Beschäftigungsbedürfnis entgegensteht.[153]

Im Rahmen des gerichtlichen Prozesses entsprechen die Darlegungs- und Beweisregeln denen zur häufigen Kurzerkrankung.[154] Lediglich im Hinblick auf die Darlegung der negativen Gesundheitsprognose reicht es nach herrschender Meinung aus, wenn der Arbeitgeber die bisherige Dauer der Erkrankung und zu denen ihm ggf. bekannten Krankheitsursachen vorträgt.[155] Bestanden bereits in der Vergangenheit lang andauernde Erkrankungen, so wird der Arbeitgeber dies ebenfalls in der Regel vortragen, da dieser Umstand ein Indiz für die Beurteilung der negativen Gesundheitsprognose zugunsten des Arbeitgebers darstellt.[156] Der Arbeitnehmer muss nunmehr, sofern der Vortrag des Arbeitgebers nicht als zugestanden gelten soll, gem. § 138 ZPO seinen behandelnden Arzt bzw. die behandelnden Ärzte von der Schweigepflicht entbinden und konkret vortragen, aus welchen Gründen er von einer Wiederherstellung der Arbeitsfähigkeit ausgeht.[157] Ein allgemeiner Vortrag reicht hierzu allerdings nicht aus.[158]

Im Hinblick auf die erhebliche betriebliche Beeinträchtigung hat der Arbeitgeber darzulegen und zu beweisen, dass der Ausfall des Arbeitnehmers nicht, z.B. durch eine Ersatzkraft, überbrückt werden kann.[159] Dies gilt dann nicht, wenn bei Ausspruch der Kündigung völlig ungewiss ist,

---

152 vgl. S. 21 ff.
153 Roos in: DKKW, KSchG § 1, Rn. 96.
154 Krause in: vHH/L, KSchG § 1, Rn. 429.
155 BAG 25.11.1982 – 2 AZR 140/81, NJW 1983, 2897.
156 BAG 12.04.2002 – 2 AZR 148/01, NZA 2002, 1081.
157 ErfK/Oetker, KSchG § 1, Rn. 180; Thies in: HWK, KSchG § 1, Rn. 171.
158 BAG 19.05.1993 – 2 AZR 539/92 in Beck RS 1993, 30745025; Krause in: vHH/L, KSchG § 1, Rn. 422.
159 BAG 19.05.1993 – 2 AZR 539/92, Beck RS 1993, 30745025.

wann der Mitarbeiter wieder arbeitsfähig wird.[160] Im Rahmen der Teilleistungen hat der Arbeitnehmer von sich aus vorzutragen, inwiefern eine freie Stelle bzw. eine Einsatzmöglichkeit für ihn besteht.[161]

3. Fallgruppe 3: Dauernde Arbeitsunfähigkeit

3.1 Begriff

Von einer krankheitsbedingten dauernden Arbeitsunfähigkeit spricht man, wenn das Arbeitsverhältnis nur noch eine leere Hülle darstellt.[162]

Mit diesem Begriff meint das Bundesarbeitsgericht den Fall, indem das Austauschverhältnis zwischen den Arbeitsvertragsparteien aufgrund einer dauernden Arbeitsunfähigkeit nicht mehr besteht. Der feststehenden dauerhaften Arbeitsunfähigkeit steht dabei die Situation gleich, dass die Wiederherstellung der Arbeitsfähigkeit völlig ungewiss ist.[163] Die Prüfung der Rechtmäßigkeit einer Kündigung erfolgt ebenfalls, wie in den anderen kündigungsbedingten Situation auch, in drei Stufen. Eine Besonderheit gilt bei Arbeitnehmern, deren Arbeitsverhältnis nicht mehr ordentlich kündbar ist. In diesem Fall bedarf es des Ausspruchs einer außerordentlichen Kündigung unter Verwendung der Kündigungsfristen für die ordentliche Kündigung.[164]

3.2 Voraussetzungen

3.2.1 Negative Gesundheitsprognose

Zum Zeitpunkt der Kündigung ist die negative Gesundheitsprognose in der Regel gegeben, sofern eine dauerhafte Arbeitsunfähigkeit vorliegt oder ungewiss ist, wann mit einer Wiederherstellung der Arbeitsfähigkeit zu rechnen ist.[165]

Ob letztlich eine dauerhafte Arbeitsunfähigkeit vorliegt, hat das Gericht ggf. unter Heranziehung eines Sachverständigen festzustellen. Die Einschätzung des Arbeitnehmers ist hierbei ohne Belang.[166] Bei der Prüfung der negativen Gesundheitsprognose ist zu berücksichtigen, ob der Arbeitnehmer die

---

160 BAG 19.05.1993 – 2 AZR 539/92, Beck RS 1993, 30745025.
161 BAG 26.09.1991 – 2 AZR 132/91, NZA 1992, 1073.
162 BAG 29.10.1998 – 2 AZR 666/97, NZA 1999, 377.
163 BAG 21.05.1992 – 2 AZR 399/91, NZA 1993, 497; Dörner/Vossen in: APS, KSchG § 1, Rn. 193.
164 BAG 29.10.1998 – 2 AZR 666/97, NZA 1999, 377.
165 BAG 12.07.2007 – 2 AZR 716/06, NZA 2008, 173.
166 BAG 28.02.1990 – 2 AZR 401/89, NZA 1990, 727.

von ihm geschuldete Arbeitsleistung noch vollständig oder ggf. nur unter veränderten Bedingungen erbringen kann.[167]

Im letztgenannten Fall liegt keine dauerhafte Arbeitsunfähigkeit per se vor, vielmehr hat der Arbeitgeber zunächst im Rahmen der Ausübung seines Direktionsrechtes die Möglichkeiten zu überprüfen, ob der Arbeitnehmer nicht an einem anderen Arbeitsplatz oder auch zu einer anderen Arbeitszeit eingesetzt werden kann, damit der Arbeitnehmer weiterbeschäftigt werden kann.[168] Die zuletzt genannte Entscheidung betraf eine Krankenschwester, die zwar ihre Tätigkeit grundsätzlich in der Klinik ausüben, jedoch keine Nachtschichten mehr verrichten konnte. In diesem Fall hat die Krankenschwester einen Anspruch auf Beschäftigung, ohne für Nachtschichten eingestellt zu werden.

Entgegen einer älteren Entscheidung des BAG[169] ist es dem Arbeitgeber verwehrt, den Arbeitnehmer unter dem Aspekt der arbeitgeberseitigen Fürsorge heraus zu kündigen, wenn dieser ein Attest vorlegt, aus dem hervorgeht, dass er eine bestimmte Tätigkeit nicht ausüben könne oder gar eine Verschlimmerung eintrete.[170] Es ist vielmehr die Entscheidung des Arbeitnehmers, wenn er trotz der krankheitsbedingten Einschränkungen weiterarbeiten möchte. Der Arbeitgeber hat keine Entscheidungskompetenz.[171] Es kommt insoweit auf das Verhalten des Arbeitnehmers an. Dabei wird zwischen vier Fallgruppen unterschieden, die u. a. *Dörner/Vossen*[172] und *Kerwer*[173] wie folgt darstellen:

a.) Verweigert der Arbeitnehmer aufgrund der Gefahr der Verschlimmerung des Krankheitsbildes endgültig die Weiterarbeit und besteht keine anderweitige Beschäftigungsmöglichkeit, so kann der Arbeitgeber kündigen.

b.) Verweigert der Arbeitnehmer nicht die Leistungserbringung, sondern erklärt, er werde die Arbeit langfristig nicht erbringen können, so muss zunächst geklärt werden, ob er, wenn die geforderte Beschäftigung nicht möglich ist, die Leistung endgültig verweigert. Verweigert er unter dieser Prämisse die Leistung, so kann der Arbeitgeber kündigen.

c.) Übt der Arbeitnehmer nicht sein Leistungsverweigerungsrecht aus, sondern bietet seine Arbeitsleistung an, dann erfolgt eine Kündigung erst, wenn nennenswerte Fehlzeiten vorliegen.

---

167 Kerwer in: BDDH, KSchG § 1, Rn. 518.
168 BAG 09.04.2014 – 10 AZR 637/13, NZA 2014, 719.
169 BAG 28.02.1990 – 2 AZR 401/89, NZA 1990, 727.
170 BAG 12.07.1995 – 2 AZR 762/94, NZA 1995, 1100.
171 Kerwer in: BDDH, KSchG § 1, Rn. 615.
172 Dörner/Vossen in: APS, KSchG § 1, Rn. 151.
173 Kerwer in: BDDH, KSchG § 1, Rn. 616.

d.) Gibt der Arbeitnehmer keine Erklärung ab, übt aber zugleich sein Leistungsverweigerungsrecht aus, in dem längere oder kürzere Fehlzeiten auftreten, so kann der Arbeitgeber nur nach den allgemeinen Grundsätzen der krankheitsbedingten Kündigung kündigen.

Ein besonderer Fall ist die Erwerbsminderung. Im Falle der Erwerbsminderung ist zu berücksichtigen, dass eine krankheitsbedingte Kündigung nicht allein wegen einer vollen Erwerbsminderung ausgesprochen werden kann.[174] Insofern muss eine personenbedingte Kündigung gesondert geprüft werden. Die Erwerbsminderung überprüft nämlich lediglich, ob der Arbeitnehmer wegen einer Krankheit auf nicht absehbare Zeit außerstande ist, Tätigkeiten von mindestens drei Stunden täglich im Rahmen des allgemeinen Arbeitsmarktes zu erledigen. Insofern besteht ein anderer Prüfungsmaßstab und keine Gleichwertigkeit.[175]

3.2.2 Erhebliche Beeinträchtigung betrieblicher Interessen

Steht eine dauernde Arbeitsunfähigkeit fest, so ist dies eine erhebliche betriebliche Beeinträchtigung.[176] Das Arbeitsverhältnis ist in diesem Falle erheblich auf unabsehbare Zeit gestört. Der Arbeitgeber kann von seinem Direktionsrecht keinen Gebrauch machen.[177] Hierbei braucht sich der Arbeitgeber auch nicht auf Überbrückungsmaßnahmen, z.B. Einstellung einer Ersatzkraft, verweisen zu lassen.[178] Es muss darüber hinaus eine völlige Ungewissheit über die Wiederherstellung der Arbeitsfähigkeit bestehen.[179] Das BAG geht hierbei davon aus, dass eine Ungewissheit dann besteht, wenn mindestens 24 Monate eine Arbeitsunfähigkeit vorliegt.[180] Auch wenn diese Grenze durch Literatur kritisiert wird, scheint sie doch eine erhebliche Rechtssicherheit zu besitzen.[181]

---

174 Kerwer in: BDDH, KSchG § 1, Rn. 519.
175 BAG 14.05.1986 – 8 AZR 604/84, NZA 1986, 834.
176 BAG 29.04.1999 – 2 AZR 431/98, NZA 1999, 978; BAG 19.04.2007 – 2 AZR 239/06, NZA 2007, 1041.
177 BAG 21.05.1992 – 2 AZR 399/91, NZA 1993, 497.
178 BAG 19.04.2007 – 2 AZR 239/06, NZA 2007, 1041.
179 Thies in: HWK, KSchG § 1, Rn. 150.
180 BAG 29.04.1999 – 2 AZR 431/98, NZA 1999, 978; BAG 30.09.2010 – 2 AZR 88/09, NZA 2011, 39.
181 Kerwer in: BDDH, KSchG § 1, Rn. 522, kritisch hierzu: Krause in: vHH/L, KSchG § 1, Rn. 427.

3.2.3 Interessenabwägung

Grundsätzlich ist eine Interessenabwägung vorliegend entbehrlich, nur ausnahmsweise ist sie durchzuführen, wenn der Arbeitnehmer besonders schutzwürdig ist, z. B. durch einen unverschuldeten Arbeitsunfall die Krankheit entstanden ist.[182] Insofern fällt die Interessenabwägung regelmäßig zugunsten des Arbeitgebers aus.[183] Nach herrschender Meinung gelten die Grundsätze innerhalb der Interessenabwägung nicht nur bei einer feststehenden dauernden Arbeitsunfähigkeit, sondern auch bei einer ebenso völligen Ungewissheit über die Wiederherstellung der Arbeitsfähigkeit.[184]

Der Arbeitgeber ist darlegungs- und beweispflichtig dafür, dass der Arbeitnehmer die vertraglich geschuldete Leistung nicht mehr erbringen kann und dauerhaft arbeitsunfähig erkrankt ist bzw., sofern er sich auf die völlige Ungewissheit der Wiederherstellung der Arbeitsfähigkeit beruft, hierfür darlegungs- und beweispflichtig.[185]

4. Fallgruppe 4: Krankheitsbedingte Leistungsminderung

4.1 Begriff

Dieser Fall ist gesondert von der krankheits- bzw. personenbedingten Kündigung zu unterscheiden, da der Arbeitnehmer in diesem Falle, auch ohne dass eine Arbeitsunfähigkeit vorliegt, mit den Arbeitsleistungen hinter den Erwartungen zurückbleibt.[186]

Vor dem Hintergrund sind für den Kündigungsgrund besonders strenge Anforderungen gestellt.[187] Dabei sei angemerkt, dass der Arbeitnehmer aufgrund des Arbeitsvertrages verpflichtet ist, seine Leistung nach bestem Vermögen zu erbringen.[188]

Daher muss zunächst festgestellt werden, was als „Normalleistung" gelten soll. Sofern dies nicht definiert ist, hat der Arbeitgeber grundsätzlich die Möglichkeit, im Rahmen des Direktionsrechts dem Arbeitnehmer Arbeit zuzuweisen und somit auch die Normalleistung zu definieren.[189]

---

182 Roos in: NZA-RR 1999, 619; BAG 28.02.1990 – 2 AZR 401/89, NZA 1990, 727.
183 Krause in: vHH/L, KSchG § 1, Rn. 431.
184 Lepke, S. 153.
185 Dörner/Vossen in: APS, KSchG § 1, Rn. 220–223.
186 Kerwer in: BDDH, KSchG § 1, Rn. 527.
187 BAG 20.03.2014 – 2 AZR 825/12, NZA 2014, 1089.
188 Roos in: DKKW, KSchG § 1, Rn. 97.
189 Roos in: DKKW, KSchG § 1, Rn. 97.

Der Arbeitnehmer muss den Mittelwert, der aus der Gesamtleistung der Gruppe gezogen wird und dann als Normalleistung gilt, über einen längeren Zeitraum aus krankheitsbedingten Gründen unterschreiten, sodass der Arbeitgeber erkennen kann, dass der Arbeitnehmer nicht seine volle Leistungskraft ausschöpft.[190]

Im Rahmen des Kündigungsschutzprozesses führt dies nach Ansicht des BAG zu einer abgestuften Darlegung und Beweislast.[191] Der Arbeitgeber muss zunächst die Leistungsmängel vortragen und darlegen, wie weit der Arbeitnehmer die Durchschnittsleistung bzw. den Mittelwert unterschreitet.[192] Dies kann der Arbeitnehmer bestreiten und zugleich darlegen, aus welchen Gründen er unterdurchschnittliche Leistungen erbringt, obwohl er seine persönliche Leistungsfähigkeit voll erbracht hat.[193]

Hierbei wird in der Rechtsprechung die Minderleistung erst dann angenommen, wenn diese lediglich 2/3 der Normalleistung entspricht[194] und nach einem längeren Zeitraum nur 50 % bis 60 % der Leistung von vergleichbaren Arbeitnehmern erbracht werden.[195] Im Rahmen dieser Beurteilung ist jedoch zu beachten, dass der Arbeitnehmer für den Arbeitgeber nicht die optimalste Leistung zu erbringen hat, sondern es reicht aus, dass er nach seinen körperlichen und geistigen Kräften das Mögliche erbringt.[196] Die Prüfung erfolgt erneut nach den drei Prüfungsstufen der krankheitsbedingten Kündigung. Es besteht insoweit zu den einzelnen Prüfungsstufen kein Unterscheid.

4.2 Voraussetzungen

4.2.1 Negative Gesundheitsprognose

Zum Zeitpunkt des Zugangs der Kündigungserklärung müssen insofern die Umstände zu erwarten sein, dass der betroffene Arbeitnehmer auch in Zukunft in erheblichem Umfang krankheitsbedingt eine entsprechende adäquate Leistung nicht erbringen kann.[197] Bei der Prüfung ist zu berück-

---

190 BAG 11.12.2003 – 2 AZR 667/92, NZA 2004, 784.
191 Roos in: DKKW, KSchG § 1, Rn. 98.
192 Roos in: DKKW, KSchG § 1, Rn. 98.
193 Lepke, S. 185; Roos in: DKKW, KSchG § 1, Rn. 98.
194 BAG 26.09.1991 – 2 AZR 193/91, NZA 1992, 1073.
195 BAG 11.12.2003 – 2 AZR 657/02, NZA 2004, 784.
196 Lepke, S. 179.
197 BAG 26.09.1991 – 2 AZR 132/91, NZA 1992, 1073; Dörner/Vossen in: APS, KSchG § 1, Rn. 249.

sichtigen, dass eine krankheitsbedingte Leistungsminderung in der Vergangenheit auch als Indiz für die Zukunft sprechen kann.[198]

4.2.2 Erhebliche Beeinträchtigung betrieblicher Interessen

Hierbei spielt eine entscheidende Rolle, dass das Austauschverhältnis nicht mehr in vollem Umfang gegeben ist.[199]

Daneben können auch Betriebsablaufstörungen entstehen, wenn z. B. Aufgaben des betroffenen Arbeitnehmers von den Arbeitskollegen mit erledigt werden müssen und hierdurch eine Erhöhung der Arbeitsbelastung entsteht.[200] Im Rahmen der Verhältnismäßigkeit ist auch zu prüfen, ob der Arbeitgeber die Möglichkeit hat, den betroffenen Arbeitnehmer auf einem leistungsgerechteren Arbeitsplatz einzusetzen.[201]

4.2.3 Interessenabwägung

Im Rahmen der Abwägung sind die allgemeinen Grundsätze für die krankheitsbedingte Kündigung in Ansatz zu bringen. Insbesondere ist hierbei zu berücksichtigen, ob die Leistungsminderung auf krankheitsbedingten Gründen oder auf betriebsbedingten Umständen basieren.[202] Besonders zu beachten ist dabei, wenn die Leistungsminderung durch das Alter des betroffenen Arbeitnehmers begründet ist. In diesem Fall ist dann auf die Leistungsfähigkeit gleichaltriger Arbeitnehmern abzustellen.[203] In diesem Zusammenhang spielen auch die Fälle eine Rolle, in denen der Arbeitnehmer nicht mehr ordentlich kündbar ist, z. B. aufgrund einer tarifvertraglichen Unkündbarkeitsregelung. Hierbei wird es dem Arbeitgeber in der Regel zumutbar sein, dem altersbedingten Leistungsabfall durch eine Umorganisation oder Änderung des Arbeitsplatzes zu begegnen.[204] Dabei kann der Arbeitgeber angehalten sein, einen leidensgerechten Arbeitsplatz frei zu machen.[205]

---

198 Kerwer in: BDDH, KSchG § 1, Rn. 528.
199 BAG 26.09.1991 – 2 AZR 132/91, NZA 1992, 1073.
200 Kerwer in: BDDH, KSchG § 1, Rn. 529.
201 BAG 05.08.1976 – 3 AZR 110/75, DB 1976, 2307.
202 BAG 26.09.1991 – 2 AZR 132/91, NZA 1992, 1073; Krause in: vHH/L, KSchG § 1, Rn. 438.
203 Dörner/Vossen in: APS, KSchG § 1, Rn. 251, Lepke, S. 187.
204 Roos in: NZA-RR 1999, S. 621.
205 BAG 20.01.1997 – 2 AZR 9/96, NZA 1997, 709.

5. Sonderfall Alkohol- und Drogensucht

Von einer Alkoholsucht kann ausgegangen werden, wenn gewohnheitsmäßiges und übermäßiges Trinken vorliegt und der Arbeitnehmer die Kontrolle über seine Trinkgewohnheiten verloren hat.[206] Kontrollverlust ist hierbei gleichbedeutend mit dem Verlust der Kontrolle über seine eigene Persönlichkeit bei der gleichzeitigen Konsumierung eines gewissen Umfangs von Alkohol. Kurz ausgedrückt findet ein Umbruch von der Trinklust zur Trinksucht statt.[207] Eine Kündigung wegen Alkoholsucht ist nach den für die krankheitsbedingte Kündigung geltenden Grundsätzen zu beurteilen.[208] Somit handelt es sich im Falle der Alkohol- und Drogensucht um einen personenbedingten Kündigungsgrund.

Im Gegensatz dazu kommt ein verhaltensbedingter Kündigungsgrund dann in Betracht, wenn Ausfälle infolge Alkoholgenusses vorliegen und der Arbeitnehmer infolge dieses Genusses, der keinen Krankheitswert hat, diese Ausfälle zu vertreten hat.[209] Eine verhaltensbedingte Kündigung soll nach Auffassung des BAG auch dann in Betracht kommen, wenn der Arbeitnehmer die Sucht schuldhaft herbeigeführt hat.[210] Hierbei hat der Arbeitgeber das Verschulden des Arbeitnehmers darzulegen und zu beweisen.[211] Da die Alkoholsucht in der Regel aufgrund eines Bündels von Ursachen entsteht, ist der Nachweis des Arbeitgebers in der Praxis schwer zu erbringen.[212] Nicht gleichzusetzen ist dies mit einer verhaltensbedingten Kündigung aufgrund eines Verstoßes gegen betriebliche oder einzelvertragliche Alkoholverbote. Diese rechtfertigen in der Regel, nach dem Ausspruch einer Abmahnung, eine ordentliche Kündigung.[213]

Im Rahmen der personenbedingten Kündigung ist auch bei der Alkohol- und Drogensucht die Drei-Stufen-Prüfung vorzunehmen.[214] Dabei bedarf es erneut zunächst auf der ersten Stufe einer negativen Gesundheitsprognose, wobei an dieser, nach allgemeiner Ansicht, geringere Anforderungen zu stellen sind.[215] Hierbei ist von entscheidender Bedeutung, dass diese gegeben ist,

---

206 Krause in: vHH/Linck, KSchG § 1, Rn. 320.
207 Lenfers, S. 29.
208 Thies in: HWK, KSchG § 1, Rn. 199.
209 ErfK/Oetker, KSchG § 1, Rn. 153.
210 BAG 09.04.1987 – 2 AZR 210/86, NJW 1987, 2956.
211 Dörner/Vossen in: APS, KSchG § 1, Rn. 230.
212 Krause in: vHH/Linck, KSchG § 1, Rn. 574.
213 ErfK/Müller-Glöge, BGB § 626, Rn. 62.
214 ErfK/Krause, KSchG § 1, Rn. 321.
215 Roos in: DHHW, KSchG § 1, Rn. 119.

wenn der Arbeitnehmer nicht bereit ist, eine entsprechende Heilung durch eine Entziehungskur mitzumachen und eine solche Maßnahme ablehnt.[216]

Sofern der Arbeitnehmer sich zu einer Entziehungskur bereiterklärt, hat der Arbeitgeber die Beendigung dieser Maßnahme und deren Erfolg abzuwarten.[217]

Damit lässt sich festhalten, dass der Arbeitgeber vor dem Hintergrund des Verhältnismäßigkeitsgrundsatzes grundsätzlich dem Arbeitnehmer, sofern er Anhaltspunkte für Suchterkrankungen hat, eine Entziehungskur anzubieten hat[218], sofern dem nicht zwingende betriebliche Gründe entgegenstehen.[219]

Für den Fall, dass der Arbeitnehmer sich erst nach Zugang der Kündigung bereiterklärt, eine Therapie durchzuführen, ändert dies nichts an der negativen Gesundheitsprognose, diese kann dann nicht mehr beseitigt werden.[220]

Auf der zweiten Stufe bedarf es einer erheblichen Beeinträchtigung der betrieblichen Interessen. Dabei ist es von Belang, ob durch den Alkoholkonsum und den damit verbundenen Ausfällen eine Beeinträchtigung der betrieblichen Organisation verbunden ist oder aber auch, ob eine Gefährdung des Arbeitnehmers selbst oder Dritter besteht.[221] Hierbei ist auch zu berücksichtigen, ob der Arbeitnehmer überhaupt noch einsetzbar ist und, ob in Zukunft mit weiteren Ausfällen, ggf. mit Entgeltfortzahlungskosten zu rechnen ist.[222]

Auf der dritten Stufe der Interessenabwägung sind die gleichen Grundsätze wie bei der krankheitsbedingten Kündigung heranzuziehen. Ist der Arbeitnehmer noch jung, so kann dies zugunsten des Arbeitgebers eine Berücksichtigung finden, da dieser noch über einen erheblichen Zeitraum ggf. noch Entgeltfortzahlung zu leisten hat.[223]

Die aufgeführten Prüfungsschritte finden auch im Rahmen der Überprüfung einer Kündigung im Zusammenhang mit einer Drogenabhängigkeit bzw. einer Drogensucht Anwendung.[224]

---

216 BAG 09.04.1987 – 2 AZR 210/86, NZA 1987, 811 und BAG 20.03.2014 – 2 AZR 565/12, NZA 2014, 602.
217 Krause in: vHH/Linck, KSchG § 1, Rn. 325.
218 BAG 17.06.1999 – 2 AZR 639/98, NZA 1999, 1328.
219 Krause in: vHH/Link, KSchG § 1, Rn. 325.
220 ErfK/Oetker, KSchG § 1, Rn. 153.
221 BAG 20.03.2014 – 2 AZR 565/12, NZA 2014, 602.
222 Thies in: HWK, KSchG § 1, Rn. 121.
223 BAG 17.06.1999 – 2 AZR 639/98, NZA 1999, 1328.
224 Roos in: DHHW, KSchG § 1, Rn. 121.

Sonderfall Alkohol- und Drogensucht 5.

Im Rahmen eines Kündigungsrechtsstreites besteht die Möglichkeit, im Wege eines Vergleiches eine Lösung dahingehend zu finden, dass die Beendigung des Arbeitsverhältnisses herbeigeführt wird, mit der Möglichkeit der Wiedereinstellung nach erfolgreicher Therapiemaßnahme[225].

---

225 Roos in: DHHW, KSchG § 1, Rn. 126, mit einem Muster für einen Vergleichsvorschlag; vgl. auch LAG Köln 24. 08. 2007 – 11 Sa 250/07 bzgl. einer Befristung eines neuen Arbeitsvertrages vor dem Hintergrund der Erprobung einer Rückfallgefahr.

V. Rechtsfolgen bei Pflichtverletzung des Arbeitnehmers im Krankheitsfall

Im Falle der Erkrankung von Arbeitnehmern bestehen neben Rechten auch Pflichten, die die Arbeitnehmer zu beachten haben und deren Verletzung eine kündigungsrechtliche Relevanz, wie im Folgenden dargestellt, haben.

1. Anzeigepflicht bei Erkrankung
1.1 Allgemein

Gem. § 5 Abs. 1 Satz 1 EFZG ist der Arbeitnehmer verpflichtet, dem Arbeitgeber die Arbeitsunfähigkeit und deren voraussichtliche Dauer unverzüglich mitzuteilen. Die Anzeigepflicht gilt insofern für alle Arbeitnehmer, unabhängig davon, ob ihnen ein Anspruch auf Entgeltfortzahlung zusteht oder nicht.[226] Die Anzeigepflicht entfällt auch dann nicht, wenn der Arbeitgeber anderweitig von der Arbeitsunfähigkeit Kenntnis erlangt hat.[227]

1.2 Form der Anzeige

Die Mitteilung des Arbeitnehmers ist nicht an eine bestimmte Form gebunden. Insofern kann die Mitteilung sowohl mündlich, fernmündlich oder per Telefax, E-Mail oder SMS erfolgen.[228]

Dabei ist der Arbeitnehmer darlegungs- und beweispflichtig dafür, dass die Information rechtzeitig dem Arbeitgeber zuging. Dabei reicht es aus, wenn die Mitteilung dem Arbeitgeber bzw. die für ihn zuständig handelnden Personen zugeht, z. B. Abteilungsleiter, Vorgesetzter, Sachbearbeiter der Personalabteilung.[229] Erfolgt die Mitteilung hingegen nur gegenüber Arbeitskollegen, Mitarbeitern der Telefonzentrale oder Mitgliedern des Betriebsrates, so ist dies nicht ausreichend. Diese sind dann lediglich Bote.[230] Erst wenn diese die Mitteilung beim Arbeitgeber oder bei den funktionell zuständigen Personen erbracht haben, gilt der Zugang als bewirkt.[231] Sofern der Arbeitgeber keinen Organisationsplan erstellt hat, hat die Information bzw. Mitteilung an den Vorgesetzten zu erfolgen.[232]

---

226 Seel in: JA 2009, S. 131.
227 Schliemann in: HWK, EFZG § 5, Rn. 2.
228 Gieseler in: DHHW, EFZG § 5, Rn. 7.
229 ErfK/Reinhard, EFZG § 5, Rn. 8.
230 ErfK/Reinhard, EFZG § 5, Rn. 8.
231 Schliemann in: HWK, EFZG § 5, Rn. 11.
232 ErfK/Reinhard, EFZG § 5, Rn. 8.

Ist der Arbeitnehmer selbst nicht in der Lage, die Mitteilung an den Arbeitgeber abzugeben, so ist er angehalten, dritte Personen einzuschalten, um die Mitteilung an den Arbeitgeber abzugeben. Dies können z. B. Ehe- bzw. Lebenspartner, Familienangehörige oder Nachbarn sein.[233]

1.3 Frist

Ausweichlich der Regelungen des § 5 EFZG hat die Mitteilung unverzüglich an den Arbeitgeber zu erfolgen. Unverzüglich ist hierbei im Sinne des § 121 BGB zu verstehen. Damit hat die Mitteilung ohne schuldhaftes Zögern zu erfolgen.[234]

1.4 Inhalt der Anzeige

Der Arbeitnehmer hat dem Arbeitgeber mitzuteilen, dass eine Arbeitsunfähigkeit besteht. Da der Arbeitnehmer nicht verpflichtet ist, umgehend einen Arzt aufzusuchen, reicht es aus, wenn er selbst die Prognose anstellt, dass er arbeitsunfähig ist.[235] In diesem Falle kann der Arbeitnehmer nur mitteilen, dass er arbeitsunfähig erkrankt ist, jedoch sich nicht zur Dauer der Arbeitsunfähigkeit gegenüber dem Arbeitgeber äußern.[236] Teilt der Arbeitnehmer die Dauer gegenüber dem Arbeitgeber mit, so bezieht sich diese lediglich auf eine objektive Prognose des Arbeitnehmers, die ggf. bei jedem weiteren Tag der Erkrankung gegenüber dem Arbeitgeber abgegeben werden muss.[237]

Hat der Arbeitnehmer jedoch einen Arzt aufgesucht, so ist er dann verpflichtet, die entsprechende Mitteilung bezüglich der Dauer der Arbeitsunfähigkeit dem Arbeitgeber mitzuteilen, auch wenn die Prognose des Arztes von der Prognose des Arbeitnehmers abweicht.[238] Hingegen ist der Arbeitnehmer nicht verpflichtet, über die Art der Erkrankung oder deren Ursache eine Mitteilung gegenüber dem Arbeitgeber zu tätigen.[239] Hiervon gibt es jedoch dann eine Ausnahme, wenn der Arbeitnehmer eine ansteckende Krankheit hat und insofern der Arbeitgeber Maßnahmen zum Schutz der anderen Arbeitnehmer treffen muss.[240]

---

233 Seel in: JA 2009, S. 100.
234 BAG 31.08.1989 – 2 AZR 13/89, NZA 1990, 433.
235 Schliemann in: HWK, EFZG § 5, Rn. 6.
236 ErfK/Reinhard, EFGZ § 5, Rn. 5.
237 Gieseler in: DHHW, § 5 EFZG, Rn. 8.
238 Schliemann in: HWK, EFZG § 5, Rn. 7.
239 Lepke, S. 497.
240 Gieseler in: DHHW, EFZG § 5, Rn. 8.

2. Nachweispflicht des Arbeitnehmers

Der Arbeitnehmer ist ferner verpflichtet, sofern die Arbeitsunfähigkeit länger als drei Kalendertage andauert, eine ärztliche Bescheinigung über das Bestehen der Arbeitsunfähigkeit sowie deren voraussichtlichen Dauer spätestens am darauffolgenden Arbeitstag dem Arbeitgeber vorzulegen (§ 5 Abs. 1 Satz 2 EFZG).

Der Nachweis erfolgt hierbei durch eine ärztliche Bescheinigung („Attest"), die der Arbeitnehmer dem Arbeitgeber vorzulegen hat.[241] Der Arzt bescheinigt sowohl die Tatsache der Arbeitsunfähigkeit als auch die Dauer. In der Regel werden hierfür vorgedruckte Formulare verwendet.[242] Dabei muss es sich um eine Arbeitsunfähigkeitsbescheinigung eines approbierten Arztes handeln. Eine Bescheinigung eines Mitarbeiters des Arztes oder eines Heilpraktikers reicht nicht aus.[243]

Die Arbeitsunfähigkeitsbescheinigung hat dabei einen hohen Beweiswert und beinhaltet die tatsächliche Vermutung, dass der Arbeitnehmer krankheitsbedingt arbeitsunfähig ist.[244] Damit hat der Arbeitnehmer mit der Vorlage der Arbeitsunfähigkeitsbescheinigung den Nachweis der Arbeitsunfähigkeit erbracht.[245] Sofern der Arbeitgeber diesen Beweiswert erschüttern möchte, muss er substantiiert Tatsachen vortragen, die geeignet sind, ernsthafte Zweifel an der Richtigkeit zu begründen.[246] Dabei sollte der Arbeitgeber die Arbeitsunfähigkeit nicht verwechseln mit der Verpflichtung zur Bettlägerigkeit.[247]

Die Rechtsprechung hat hierzu zu einzelnen Fällen eine Erschütterung des Beweiswertes anerkannt. Die Beispiele sind bei *Gieseler* in DHHW wie folgt aufgelistet:[248]

– Der Arbeitnehmer droht oder kündigt sein Fernbleiben zunächst, nach einer verweigerten Gewährung des gewünschten Urlaubs oder der gewünschten Arbeitsfreistellung durch den Arbeitgeber, an.

– Wiederholte Arbeitsunfähigkeit am Ende des Urlaubs oder unmittelbar nach dem Ende des Urlaubs.

---

241 ErfK/Reinhard, EFZG § 5, Rn. 10.
242 ErfK/Reinhard, EFGZ § 5, Rn. 13.
243 Lepke, S. 503.
244 BAG 16.02.1997 – 5 AZR 83/96, NZA 1997, 652.
245 BAG 17.06.2003 – 2 AZR 123/02, NZA 2004, 564.
246 ErfK/Reinhard, EFZG § 5, Rn. 14.
247 Gieseler in: DHHW, EFZG § 5, Rn. 18.
248 Gieseler in: DHHW, EFZG § 5, Rn. 22; s. hierzu auch ErfK/Reinhard, EFGZ § 5, Rn. 16.

- Tätigkeiten während der Arbeitsunfähigkeit, z. B. ganztägige Mitarbeit beim Bau des eigenen Hauses oder aber auch Nebentätigkeiten bei einem anderen Arbeitgeber.
- Widersprüchliche Angaben zum Hergang eines die Arbeitsunfähigkeit verursachten Unfalles.
- Unentschuldigtes Nichterscheinen zu einem Termin beim medizinischen Dienst.
- Rückwirkende Feststellung der Arbeitsunfähigkeit von mehr als zwei Tagen.
- Bereits erfolgte Umbuchung des Fluges, obwohl die Arbeitsunfähigkeit noch nicht vorliegt.

Der Arbeitgeber hat die Möglichkeit, da einfache Zweifel genügen, gem. § 275 Abs. 1a Satz 3 SGB V von der Krankenkasse des Arbeitnehmers eine Einschaltung des medizinischen Dienstes zu verlangen.[249]

Dauert die Arbeitsunfähigkeit länger als drei Kalendertage an, so ist die Arbeitsunfähigkeitsbescheinigung gem. § 5 Abs. 1 Satz 2 EFZG am darauffolgenden Tag dem Arbeitgeber vorzulegen. Die Vorlage erfolgt daher am vierten Krankheitstag.[250] Daraus folgt, dass der Arbeitnehmer, sofern die Arbeitsunfähigkeit nicht länger als drei Tage andauert, wenn keine anderweitige Regelung besteht, nicht verpflichtet ist, eine Arbeitsunfähigkeitsbescheinigung vorzulegen.[251] Der Arbeitnehmer muss nicht die ersten drei Tage der Arbeitsunfähigkeit mit einem Nachweis belegen.[252]

Nach § 5 Abs. 1 Satz 3 EFZG ist der Arbeitgeber berechtigt, die Vorlage der ärztlichen Bescheinigung früher zu verlangen. Somit kann der Arbeitgeber die Vorlage bereits ab dem ersten Krankheitstag verlangen, sofern das Verlangen nicht gegen den arbeitsrechtlichen Gleichbehandlungsgrundsatz verstößt und keine diskriminierenden Auswirkungen hat.[253]

Will der Arbeitgeber generell für alle Arbeitnehmer eine vorzeitige Vorlage des Nachweises, so ist im Falle des Bestehens eines Betriebsrates das Mitbestimmungsrecht gem. § 87 Abs. 1 Nr. 1 BetrVG zu beachten. Dies gilt nicht bei einer einzelfallbezogenen Anordnung.[254]

---

249 Seel in: JA 2009, S. 132.
250 ErfK/Reinhard, EFZG § 5, Rn. 10.
251 Schliemann in: HWK, EFZG § 5, Rn. 29.
252 Lepke, S. 506.
253 BAG 25.01.2000 – 1 ABR 3/99, NZA 2000, 665.
254 Fitting, BetrVG § 87, Rn. 71.

3. Pflichten bei der Fortdauer der Arbeitsunfähigkeit

Entsprechend den Regelungen des § 5 Abs. 1 Satz 4 EFZG hat der Arbeitnehmer, sofern die Arbeitsunfähigkeit länger als in der Bescheinigung angegeben andauert, eine erneute Bescheinigung vorzulegen. Aus dem Gesetzestext ist jedoch nicht zu entnehmen, zu welchem Zeitpunkt die Vorlage der erneuten Arbeitsunfähigkeitsbescheinigung zu erfolgen hat.[255] Der Zeitpunkt ist dabei umstritten. Vor diesem Hintergrund vertritt eine Meinung die Ansicht, dass die Regelungen des § 5 Abs. 1 Satz 1 und 2 EFZG analog anzuwenden sind.[256] Danach ist der Arbeitnehmer verpflichtet, unverzüglich anzuzeigen, dass die Arbeitsunfähigkeit länger andauern wird. Die Verpflichtung besteht, sobald er hiervon Kenntnis hat. Nach anderer Ansicht ist die Vorlage der ärztlichen Folgebescheinigung vorzulegen, sobald feststeht, dass die Arbeitsunfähigkeit länger dauert als erwartet, spätestens jedoch am ersten Arbeitstag nach dem Ablauf der vorgelegten Arbeitsunfähigkeitsbescheinigung.[257] Hingegen trifft den Arbeitnehmer keine Meldepflicht, wenn das Arbeitsverhältnis bereits gekündigt ist.[258]

4. Rechtsfolgen der Verletzung der Anzeige und der Nachweispflicht

4.1 Verletzung der Anzeigepflicht

Kommt der Arbeitnehmer seiner Anzeigepflicht nicht nach und treten beim Arbeitgeber zudem Betriebsablaufstörungen ein, so kann der Arbeitgeber in diesem Zusammenhang eine Abmahnung aussprechen und bei mehreren Abmahnungen das Arbeitsverhältnis kündigen.[259]

Letztlich soll damit sanktioniert werden, dass dem Arbeitgeber die Möglichkeit genommen wird, bereits zu einem frühen Zeitpunkt Maßnahmen zu treffen, um dem arbeitsbedingten Ausfall des Arbeitnehmers entgegenzuwirken und so Störungen im betrieblichen Ablauf zu verhindern.[260]

4.2 Verletzung der Nachweispflicht

Gem. § 7 Abs. 1 Nr. 1 EFZG steht dem Arbeitgeber ein Leistungsverweigerungsrecht zu, wenn der Arbeitnehmer unverschuldet seiner Nachweis-

---

255 ErfK/Reinhard, EFZG § 5, Rn. 19.
256 Schliemann in: HWK, EFZG § 5, Rn. 46; ErfK/Reinhard, EFZG § 5, Rn. 19; Gieseler in: DHHW, EFZG § 5, Rn. 24.
257 Lepke, S. 515 m. w. N.
258 LAG Schleswig-Holstein 17.12.2003 – 3 Sa 415/03, NZA-RR 2004, 241.
259 Seel in: JA 2009, S. 133.
260 Schliemann in: HWK, EFZG § 5, Rn. 2.

pflicht nicht nachkommt.[261] Unabhängig davon kann der Arbeitnehmer durch sein Verhalten Schadensersatzansprüche beim Arbeitgeber begründen und im Wiederholungsfall das Arbeitsverhältnis verhaltensbedingt gekündigt werden.[262]

5. Pflicht zur Kostentragung der Arbeitsunfähigkeitsbescheinigung

Die Kosten der Arbeitsunfähigkeitsbescheinigung hat die Krankenkasse gemäß § 85 Abs. 1 SGB V i. V. m. § 73 Abs. 2 Nr. 9 SGB V zu tragen.[263]

6. Nachweis der Arbeitsunfähigkeit im Falle der Erkrankung im Ausland

Sofern sich der Arbeitnehmer gemäß § 5 Abs. 2 EFZG während der Arbeitsunfähigkeit im Ausland aufhält, ist er verpflichtet, dem Arbeitgeber die Arbeitsunfähigkeit, die voraussichtliche Dauer und die Adresse des Aufenthaltsortes mittels der schnellstmöglichen Art der Übermittlung mitzuteilen (z. B. Telefon, Telefax, E-Mail).[264] Die dadurch entstehenden Kosten hat der Arbeitgeber zu tragen.[265]

Auch hierbei hat der Arbeitnehmer den schnellstmöglichen Weg zu wählen, um den Arbeitgeber zu informieren.[266] Im Falle der Fortdauer der Arbeitsunfähigkeit nimmt die überwiegende Meinung auch im Falle des § 5 Abs. 2 EFZG eine Analogie, wie im Fall des § 5 Abs. 1 Satz 4 EFZG, an.[267]

Im Hinblick auf die Nachweispflicht finden die Vorschriften des § 5 Abs. 1 EFZG Anwendung.[268] Insofern bedarf es auch einer Arbeitsunfähigkeitsbescheinigung („Attest") eines im Ausland praktizierenden Arztes.[269] Der Arbeitnehmer muss sodann die Arbeitsunfähigkeitsbescheinigung an den Arbeitgeber grundsätzlich am vierten Tag der AU vorlegen. Hierbei

---

261 Gieseler in: DHHW, EFZG § 5, Rn. 19.
262 LAG Sachsen-Anhalt 24. 04. 1996 – 3 Sa 449/95, NZA 1997, 772.
263 Gieseler in: DHHW, EFZG § 5, Rn. 16.
264 Schliemann in: HWK, EFZG § 5, Rn. 44; nach ErfK/Reinhard, EFZG § 5, Rn. 21 reicht eine Telefonnummer aus.
265 Gieseler in: DHHW, EFZG § 5, Rn. 26.
266 ErfK/Reinhard, EFZG § 5, Rn. 22.
267 ErfK/Reinhard, EFZG § 5, Rn. 24.
268 Gieseler in: DHHW, EFZG § 5, Rn. 25.
269 Gieseler in: DHHW, EFZG § 5, Rn. 29; Schliemann in: HWK, EFZG § 5, Rn. 48.

kann es zu Überschreitungen der Frist kommen, die unverschuldet sind, wenn die Beförderung des Briefes längere Zeit in Anspruch nimmt.[270]

Die ausländische Arbeitsunfähigkeitsbescheinigung hat den gleichen Beweiswert wie eine inländische Arbeitsunfähigkeitsbescheinigung, wenn erkennbar ist, dass der bescheinigende Arzt zwischen Krankheit und Arbeitsunfähigkeit unterschieden hat.[271] Dem Arbeitgeber bleibt es unbenommen, den Gegenbeweis zu erbringen, dass der Arbeitnehmer missbräuchlich oder betrügerisch eine Arbeitsunfähigkeit angegeben hat, ohne tatsächlich erkrankt zu sein.[272]

---

[270] Gieseler in: DHHW, EFZG § 5, Rn. 29.
[271] Schliemann in: HWK, EFZG § 5, Rn. 49.
[272] EuGH 02.05.1996 – C 206/94, NZA 1996, 635; LAG Baden-Württemberg 09.05.2000 – 10 Sa 85/97, BB 2000, S. 1630.

B. Betriebliches Eingliederungsmanagement (BEM)

I. Zweck des BEM

Wenn der Arbeitnehmer über einen längeren Zeitraum dauerhaft oder wegen häufiger Kurzerkrankungen Fehlzeiten aufweist, stellt sich für den Arbeitgeber die Frage, wie dieser mit der Situation, welche auch Auswirkungen auf den betrieblichen Ablauf haben kann, umgehen soll. Daher muss der Arbeitgeber sich häufig überlegen, ob er das Arbeitsverhältnis durch krankheitsbedingte Kündigung beendet oder Maßnahmen ergreift, um die krankheitsbedingten Fehlzeiten zu überwinden.[273]

Bei der arbeitsunfähigen Erkrankung eines Arbeitnehmers ist der Arbeitgeber zum einen zur Fürsorge verpflichtet, aber er hat auch eigene betriebliche und wirtschaftliche Interessen, weshalb der Arbeitgeber einen Mittelweg finden muss.[274]

Hier soll gerade die gesetzliche Regelung des § 84 SGB IX zum Ziel haben, die Beendigung des Arbeitsverhältnisses zu vermeiden und eine Weiterbeschäftigung zu ermöglichen.[275] Das Betriebliche Eingliederungsmanagement (im Folgenden „BEM") hat den Sinn und Zweck, eine generelle Verpflichtung des Arbeitgebers zu schaffen, dass dieser aktiv einer speziell durch Erkrankung, unabhängig, ob der Arbeitnehmer schwerbehindert ist oder nicht, bedingte Gefährdung des Arbeitsverhältnisses entgegenwirkt.[276] Das BEM hat daher konkret zum Ziel, die Arbeitsunfähigkeit des betreffenden Arbeitnehmers zu überwinden.[277]

Daher soll gerade verhindert werden, dass erkrankte Menschen in die Arbeitslosigkeit entlassen werden.[278] Die Erhaltung des Arbeitsplatzes beim Arbeitgeber geht daher der Reintegration in den Arbeitsmarkt vor.[279]

Das Betriebliche Eingliederungsmanagement zielt konkret in seinem Schutzzweck darauf ab, in einem Verfahren alle Möglichkeiten zwischen dem Arbeitgeber und dem Arbeitnehmer abzuklären, inwiefern der Arbeitnehmer seine Arbeitsunfähigkeit möglichst schnell und dauerhaft überwin-

---

273 Düwell in: DDJ, § 84 SGB IX, Rn. 32; Kerwer in: BDDH, § 1 KSchG, Rn. 444.
274 Aszmons/Lackschewitz in NJW 2016, S. 2070.
275 Düwell in: DDJ, § 84 SGB IX, Rn. 32; Kerwer in: BDDH, § 1 KSchG, Rn. 444.
276 Thies in: HWK, § 84 SGB IX, Rn. 1; BAG 12.07.2007, NZA 2008, 173; BAG 24.03.2011, NZA 2011, S. 992.
277 ErfK/Rolfs, § 84 SGB IX, Rn. 4.
278 Thies in: HWK, § 84 SGB IX, Rn. 20.
279 Deinert in: NZA 2010, S. 969.

den kann bzw. welche Leistungen oder Hilfen dem Arbeitnehmer zur Verfügung gestellt werden müssen, um einer erneuten Arbeitsunfähigkeit vorzubeugen.[280] Daher soll abgeklärt werden, ob der Arbeitsplatz für den Arbeitnehmer letztendlich durch geeignete Gesundheitspräventionsmaßnahmen und durch Ausschöpfung aller Möglichkeiten erhalten werden kann.[281] Ist der bisherige Arbeitsplatz aufgrund der gesundheitlichen Belastungen oder Einschränkungen nicht mehr geeignet, so ist als Maßnahme dann die Umsetzung oder Versetzung auf einen anderen Arbeitsplatz zu prüfen, um das Arbeitsverhältnis fortführen zu können.[282]

---

280 Thies in: HWK, KSchG § 1, Rn. 137a; Stück in MDR 2010, S. 1235.
281 Thies in: HWK, § 1 KSchG, Rn. 137a; Stück in MDR 2010, S. 1235.
282 Düwell in: DDJ, § 84 SGB IX, Rn. 32.

II. Normierung des BEM-Verfahrens und Voraussetzungen der Durchführung

1. Gesetzliche Regelung des § 84 Abs. 2 SGB IX

Das betriebliche Eingliederungsmanagement ist für schwerbehinderte Menschen seit dem 01.05.2005 geltenden, in § 1 Abs. 1 S. 2 KSchG erfassenden Präventionsverfahren gemäß § 84 Abs. 1 SGB IX gesetzlich normiert. Zum gleichen Zeitpunkt wurde das BEM auch für alle Arbeitnehmer eingeführt.[283]

Das betriebliche Eingliederungsmanagement ist in § 84 Abs. 2 S. 1 SGB IX wie folgt geregelt:

„Sind Beschäftigte innerhalb eines Jahres länger als sechs Wochen ununterbrochen oder wiederholt arbeitsunfähig, klärt der Arbeitgeber mit der zuständigen Interessenvertretung im Sinne des § 93, bei schwerbehinderten Menschen außerdem mit der Schwerbehindertenvertretung, mit Zustimmung und Beteiligung der betroffenen Person die Möglichkeiten, wie die Arbeitsunfähigkeit möglichst überwunden werden und mit welchen Leistungen oder Hilfen erneuter Arbeitsunfähigkeit vorgebeugt und der Arbeitsplatz erhalten werden kann (betriebliches Eingliederungsmanagement)."

Der Arbeitnehmer besitzt nach der Norm einen Anspruch auf Durchführung des BEM, wobei auch der Betriebsrat verlangen kann, dass der Arbeitgeber das Verfahren einleitet.[284]

Gemäß § 84 Abs. 3 SGB IX sind daher für den Arbeitgeber auch Prämien und Boni vorgesehen, sofern der Arbeitgeber ein BEM-Verfahren durchführt. Diese kommen aber nur dann in Betracht, wenn beim Arbeitgeber ein standardisiertes Verfahren vorliegt und die Bemühungen über die gesetzliche Verpflichtung hinausgehen. Der Arbeitgeber soll hingegen nicht begünstigt werden, dass er sich nur an die verbindliche Rechtsvorschrift hält.[285]

2. Voraussetzungen für die Durchführung des BEM

Die Pflicht des Arbeitgebers, das BEM-Verfahren anzubieten bzw. dann auch einzuleiten, besteht gegenüber allen Arbeitnehmern und nicht nur gegenüber Schwerbehinderten.[286]

---

283 Dörner/Vossen in: APS, § 1 KSchG, Rn. 196.
284 ErfK/Rolfs, § 84 SGB IX, Rn. 5; BAG 07.02.2012, NZA 2012, S. 744.
285 Deinert in: NZA 2010, S. 969, 971.
286 BAG 12.07.2007 – 2 AZR 716/06, NZA 2008, S. 173; Kerwer in: BBDH, § 1 KSchG, Rn. 445.

Bei schwerbehinderten Menschen ist gemäß § 84 Abs. 1 SGB IX generell ein Präventionsverfahren hinsichtlich aller Kündigungsgründe gemäß § 1 KSchG durchzuführen.[287] Das Präventionsverfahren dient dazu, einen behinderten Menschen entsprechend seiner Fähigkeiten weiter zu beschäftigen. Die rechtliche Normierung erfolgt vor dem Hintergrund des Art. 5 der Richtlinie 200/78/EG, wonach die Mitgliedsstaaten der Europäischen Union dazu darauf zu achten haben, dass Arbeitgeber geeignete und konkret erforderliche Maßnahmen treffen, damit der behinderte Arbeitnehmer im Rahmen der Verhältnismäßigkeit weiterhin beim Arbeitgeber beschäftigt werden kann.[288]

Die Verpflichtung, ein betriebliches Eingliederungsmanagement durchzuführen, gilt auch bei Beamten. Dieses ist aber keine Rechtmäßigkeitsvoraussetzung, um einen Beamten wegen dauerhafter Dienstunfähigkeit in den Ruhestand zu versetzen.[289] Bei ordnungsgemäß, aber erfolglos durchgeführtem BEM können sich aber Anhaltspunkte ergeben, die möglich erscheinende Dienstunfähigkeit amtsärztlich untersuchen zu lassen.[290]

Die Vorschrift des § 84 Abs. 2 SGB IX gilt jedoch nur bei Anwendbarkeit des Kündigungsschutzgesetzes und daher nicht für Kleinbetriebe.[291] Auch ist das Verfahren während der 6-monatigen Wartezeit gemäß § 1 Abs. 1 KSchG nicht durchzuführen.[292]

Das BEM ist immer dann durchzuführen, wenn der Mitarbeiter innerhalb eines Jahres länger als sechs Wochen ununterbrochen oder immer wieder arbeitsunfähig wird. Danach wird auch der Fall umfasst, dass beim Arbeitnehmer häufige Kurzerkrankungen vorliegen.[293] Die gesamte Erkrankungszeit in Abschnitten muss daher innerhalb eines Jahres mehr als sechs Wochen umfassen.[294] Der Intension des Gesetzes entspricht es, einen 365-Tage-Rückblick vorzunehmen und zu beurteilen, ob die sechswöchige Fehlzeit wegen arbeitsunfähiger Erkrankung erfüllt ist. Sechs Wochen entsprechen hierbei 42 Kalendertagen. Bei einer 6-Tage-Woche müsste der Arbeitnehmer entsprechend mindestens 36 Werktage arbeitsunfähig gefehlt haben.[295] Bei sog. Kurzerkrankungen sind die Fehltage der letzten 12 Monate zusammen-

---

287 Dörner/Vossen in: APS, § 1 KSchG, Rn. 196.
288 Deinert in: NZA 2010, S. 969.
289 BVerwG 05.06.2014 – 2 C 22/03, NVwZ 2014, S. 1319.
290 BVerwG 05.06.2014 – 2 C 22/13, NVwZ 2014, S. 1319.
291 BAG 24.01.2008 – 6 AZR 97/07, NZA-RR 2008, S. 405.
292 BAG 24.01.2008 – 6 AZR 97/07, NZA-RR 2008, S. 405.
293 vgl. BAG 24.03.2011 – 2 AZR 170/10, NZA 2011, S. 992.
294 BAG 24.03.2011 – 2 AZR 170/10, NZA 2011, S. 993.
295 Balders/Lepping in: NZA 2005, S. 855.

zurechnen.²⁹⁶ Für die Bemessung des 6-Wochen-Zeitraums sind die nach § 5 Abs. 1 EFZG vom Arbeitnehmer an den Arbeitgeber übermittelten Arbeitsunfähigkeitszeiten maßgeblich.²⁹⁷ Hierbei kommt es auch nicht auf die Ursachen der Arbeitsunfähigkeit an.²⁹⁸ Sobald die Zeitgrenze überschritten ist, ist dann durch den Arbeitgeber das Verfahren einzuleiten und entsprechend mit dem Arbeitnehmer Kontakt aufzunehmen. Dem Arbeitnehmer wird sodann die Durchführung des BEM durch den Arbeitgeber angeboten.²⁹⁹

Die Ursache der Erkrankung spielt für die Durchführung des BEM-Verfahrens grundsätzlich keine Rolle. Es kann insbesondere bei psychischen Erkrankungen oder Suchterkrankungen nicht darauf geschlossen werden, dass in den Fällen ohnehin kein positives Ergebnis zu erzielen wäre und daher nicht durchgeführt werden müsste.³⁰⁰

Die krankheitsbedingten Fehlzeiten aufgrund psychischer Erkrankungen von Arbeitnehmern haben zugenommen. Durchschnittlich wird ein Arbeitnehmer bei Depressionen bei einem Mittelwert von 64 Tage pro Jahr arbeitsunfähig erkrankgeschrieben, während der Durchschnitt bei allen Diagnosen bei 13 Fehltagen zu verzeichnen ist.³⁰¹ Gerade aufgrund der psychischen Erkrankungen werden viele Arbeitsverhältnisse vorzeitig beendet. Die Zahlen der Frühverrentungen durch psychische Erkrankungen haben erheblich zugenommen. Im Jahr 2012 lag der Anteil der psychischen Erkrankungen laut Bundespsychotherapeutenkammer am Anteil der Frühverrentungen bei bereits 42,1 %.³⁰²

Aufgrund der zunehmenden Erkrankungen wird daher das BEM-Verfahren immer wichtiger, um den Arbeitsplatz für den betroffenen Arbeitnehmer möglichst zu erhalten.

---

296 Schmidt, S. 9.
297 BAG 13.03.2012 – 1 ABR 78/10, NZA 2012, S. 748; Thies in: HWK, § 84 SGB IX, Rn. 11.
298 ErfK/Rolfs, § 84 SGB IX, Rn. 5.
299 ErfK/Rolfs, § 84 SGB IX, Rn. 5.
300 Kerwer in: BDDH, § 1 KSchG, Rn. 446; BAG 20.03.2014 – 2 AZR 565/12, NZA 2014, S. 602.
301 Balikcioglu in: NZA 2015, S. 1424; Depressionsatlas der Techniker Krankenkasse 2015.
302 Balikcioglu in: NZA 2015, S. 1424; BPtK-Studie zur Arbeits- und Erwerbsunfähigkeit, Psychische Erkrankungen und gesundheitsbedingte Frühverrentung, 2013, 4(8,9).

III. Erwartungen an das BEM und Vor- wie Nachteile des Verfahrens

Das BEM-Verfahren soll die bestehende Arbeitsunfähigkeit des Arbeitnehmers überwinden und entsprechende Maßnahmen rechtzeitig einleiten. Hierzu gehört auch, dass bei Rehabilitationsbedarf dieser frühzeitig erkannt und umgesetzt wird.[303]

Dies bedeutet, dass gerade bei Vorliegen der gesetzlichen Voraussetzungen zunächst keine Kündigung des Arbeitsverhältnisses ausgesprochen, sondern die Weiterbeschäftigung für den Arbeitnehmer ermöglicht werden soll.[304]

Während der Sinn des BEM-Verfahrens daher für den Arbeitnehmer quasi auf der Hand liegt, welcher grundsätzlich an der Fortführung des Arbeitsverhältnisses interessiert ist, um nicht in die Arbeitslosigkeit durch eine Kündigung entlassen zu werden, hat es auch weitere Vorteile. Durch die Beteiligung der weiteren Personen im Verfahren werden dem Arbeitnehmer die Möglichkeiten der Beschäftigung im Betrieb bekannt, in welche er nicht immer Einblick hat.[305] Bei einer längeren Erkrankung kommt vor allem eine stufenweise Wiedereingliederung in Betracht, sodass der Arbeitnehmer die notwendige Zeit erhält, um sich einzuarbeiten und der Umfang der Tätigkeit seiner Leistungsfähigkeit entspricht.[306]

Aber auch der Arbeitgeber hat durchaus Vorteile bei der Durchführung des Verfahrens. Gerade bei häufigen Kurzerkrankungen kann durch das Verfahren die Ursache für die häufigen Fehltage ergründet werden, um auf Dauer die Zeiten der Arbeitsunfähigkeit zu senken und damit auch die Geringhaltung der Kosten der Entgeltfortzahlung und die Verbesserung der betrieblichen Einsatzplanung.[307] Grundsätzlich sollen aber nach der gesetzlichen Intension diese Interessen des Arbeitgebers nicht geschützt sein, sondern die Bestimmung zielt nur auf den Erhalt des Arbeitsplatzes ab.[308] Langfristig gesehen, soll das Verfahren aber für den Arbeitgeber Kosten ersparen. Jeder in das Gesundheitsmanagement investierte Euro soll nach einer Untersuchung dem Unternehmen 2 Euro und den Sozialsystemen 21 Euro Ersparnis gebracht haben.[309] Der Arbeitgeber kann aber auch

---

303 ErfK/Rolfs, § 84 SGB IX, Rn. 4.
304 vgl. Thies in: HWK, § 84 SGB IX, Rn. 20.
305 Schmidt, S. 5 f.
306 Schmidt, S. 5 f.
307 Deinert in: NZA 2010, S. 969, 972.
308 Deinert in: NZA 2010, S. 969, 972.
309 Stück in MDR 2010, S. 1235, 1236.

finanzielle Förderungsmöglichkeiten genießen, welche durch das Integrationsamt gemäß § 102 Abs. 3 S. 2 SGB IX bzw. durch das Arbeitsamt gemäß § 104 SGB IX aufgezeigt und geleistet werden.[310] Daher können bei einer Beschäftigung eines erkrankten Mitarbeiters allein durch die Bereitstellung finanzieller Hilfen für den Arbeitgeber die betrieblichen Beeinträchtigungen abgefedert werden. Nicht zu unterschätzen ist auch der Aspekt, dass bei transparenter Durchführung des BEM-Verfahrens ein Vertrauensgewinn bei der Belegschaft und den Mitarbeitern geschafft werden kann.[311]

Das Verfahren hat daher Vorteile für beide Seiten, sodass auf die Durchführung entsprechender Wert zu legen ist. Sofern dem Interesse nicht ausreichend Beachtung geschenkt wird, so ergeben sich für die Parteien auch erhebliche Nachteile, insbesondere bei der Beweislast, auf welche in den folgenden Kapiteln eingegangen wird.

---

310 Schmidt, S. 4 f.
311 Schmidt, S. 4 f.

IV. Notwendigkeit des Präventionsverfahrens bei schwerbehinderten Arbeitnehmern

1. Voraussetzungen des Präventionsverfahrens nach § 84 Abs. 1 SGB IX

Die Prävention gemäß § 84 SGB IX hat nicht nur Bedeutung für das BEM-Verfahren, sondern insbesondere speziell bei schwerbehinderten Arbeitnehmern. Für schwerbehinderte Menschen oder ihnen Gleichgestellter wurde das seit dem 01.05.2005 in § 1 Abs. 1 S. 2 KSchG erfasste Präventionsverfahren gemäß § 84 Abs. 1 SGB IX gesetzlich normiert.[312] Ziel dieser Vorschrift ist, dass die Beschäftigungsverhältnisse der schwerbehinderten Menschen auf Dauer gesichert werden sollen, sodass eine generelle Verpflichtung besteht, dass der Arbeitgeber aktiv jeglicher Art von Störung des Arbeitsverhältnisses entgegenwirken muss.[313] Bei länger andauernder Arbeitsunfähigkeit durch Erkrankung ist § 84 Abs. 2 SGB IX lex specialis und damit vorrangig vor der allgemeinen Konfliktprävention nach Abs. 1.[314] Wenn der schwerbehinderte Arbeitnehmer aufgrund der arbeitsunfähigen Erkrankung mehr als sechs Wochen im Kalenderjahr Fehlzeiten aufweist, ist auch hier gemäß § 84 Abs. 2 SGB IX ein entsprechendes betriebliches Eingliederungsmanagement durchzuführen.[315]

Unter Schwierigkeiten werden bereits alle Störungen des Arbeitsverhältnisses verstanden.[316] Hier genügt schon die geringe Intensität. Das Verfahren soll der Kündigung gerade vorbeugen, sodass die Intensität gerade noch keinen Charakter der Kündigungsgründe aufweist.[317] So kommen beispielsweise als Störungen sowohl mangelnde Eignung bei Arbeitstempo und Belastbarkeit als auch Probleme im Verhalten durch Arbeitsmoral und soziales Verhalten in Betracht.[318] Ferner kann eine unzulässige private Internetnutzung, zu häufiges Zuspätkommen, Alkohol- und Drogenprobleme in Frage kommen.[319]

---

312 Dörner/Vossen in: APS, § 1 KSchG, Rn. 196.
313 Thies in: HWK, § 84 SGB IX, Rn. 1.
314 ErfK/Rolfs, § 84 SGB IX, Rn. 2.
315 Thies in: HWK, § 84 SGB IX, Rn. 6.
316 ErfK/Rolfs, § 84 SGB IX, Rn. 2.
317 Thies in: HWK, § 84 SGB IX, Rn. 3.
318 Thies in: HWK, § 84 SGB IX, Rn. 3.
319 ErfK/Rolfs, § 84 SGB IX, Rn. 2.

Vorausetzung ist, dass längerfristig diese Probleme zu einer Gefährdung des Arbeitsverhältnisses führen.[320] Bei der Konfliktprävention soll bereits durch die rechtzeitige Einschaltung der Schwerbehindertenvertretung und des Integrationsamts, ggf. der gemeinsamen Servicestellen, bei Schwierigkeiten, welche personen-, betriebs- oder verhaltensbedingt sind, gerade durch eine frühzeitige Hilfestellung und durch finanzielle Leistungen, der Bestand des Arbeitsverhältnisses gesichert werden.[321] Dies bedeutet, dass der Arbeitgeber diesbezüglich selbst aktiv werden muss.[322] Daher besteht für den Arbeitgeber eine gesteigerte Fürsorgepflicht gegenüber schwerbehinderten Arbeitnehmern.[323]

Der Schwerbehinderte kann meist mangels Kenntnis nicht beurteilen, welche behinderungsgerechten Beschäftigungsmöglichkeiten für ihn gefunden oder geschaffen werden können. Durch die Einschaltung der genannten Stellen soll der Sach- und Fachverstand für eine umfassende Problemlösung zusammengefasst werden.[324]

2. Rechtsfolgen des § 84 Abs. 1 SGB IX

Nach der gesetzlichen Vorschrift ergibt sich zunächst keine eindeutige Rechtsfolge und das Präventionsverfahren stellt daher auch keine formelle Voraussetzung für den Ausspruch der Kündigung dar.[325] Es ist aber auch keine reine Ordnungsvorschrift, dessen Missachtung folgenlos bleiben würde.[326]

Die Durchführung des Verfahrens knüpft nicht an die Anwendbarkeit des KSchG an, sodass dieses grundsätzlich auch in Kleinbetrieben und während der sechsmonatigen Wartefrist anzuwenden ist.[327] Das Unterlassen des Präventionsverfahrens hat aber keine kündigungsrechtlichen Folgen, denn außerhalb des KSchG findet der Verhältnismäßigkeitsgrundsatz bei der Wirksamkeitsprüfung der Kündigung keine Anwendung.[328]

---

320 ErfK/Rolfs, SGB IX § 84, Rn. 1.
321 ErfK/Rolfs, § 84 SGB IX, Rn. 1; Deinert, NZA 2010, S. 969, 970.
322 Thies in: HWK, § 84 SGB IX, Rn. 6.
323 Thies in: HWK, § 84 SGB IX, Rn. 6; Deinert, NZA 2010, S. 969, 970.
324 Thies in: HWK, § 84 SGB IX, Rn. 6.
325 Kerwer in: BDDH, § 1 KSchG, Rn. 442.
326 Kerwer in: BDDH, § 1 KSchG, Rn. 442.
327 Kerwer in: BDDH, § 1 KSchG, Rn. 441.
328 Kerwer in: BDDH, § 1 KSchG, Rn. 442; **a. A.** Deinert in NZA 2010, 969, 970: Nach dieser Ansicht soll der Wortlaut der Norm des § 84 Abs. 1 SGB IX dafürsprechen, alle Arbeitnehmer miteinzubeziehen. Dies folge auch aus der Richtlinie 2000/78/EG, wonach Arbeitnehmer, welche keinen Kündigungsschutz genießen würden, ausgenommen werden könnten.

Es ist für den Arbeitgeber zwingend zu beachten, dass der schwerbehinderte Arbeitnehmer nach § 81 Abs. 4 S. 1 Nr. 1, 4 und 5 SGB IX einen Anspruch auf behindertengerechte Beschäftigung sowie die entsprechende Ausstattung und Ausgestaltung des Arbeitsplatzes besitzt. Hierbei ist für den schwerbehinderten Arbeitnehmer zu beachten, dass sich diese Verpflichtung nur auf solche Tätigkeiten beschränkt, welche seinen Fähigkeiten und Kenntnissen unter der Berücksichtigung der Behinderung auch entsprechen. Dies bedeutet, dass der Arbeitgeber nicht verpflichtet ist, einen neuen zusätzlichen Arbeitsplatz zu schaffen oder ihm gar eine Beförderungsstelle anzubieten.[329]

2.1. KSchG findet keine Anwendung

Sofern das KSchG keine Anwendung auf das Arbeitsverhältnis findet, so ist eine ordentliche Kündigung nach der Rechtsprechung auch ohne vorherige Durchführung des Präventionsverfahrens wirksam.[330] Hier ist zu beachten, dass eine Kündigung des Schwerbehinderten nur mit vorheriger Zustimmung des Integrationsamts nach § 85 SGB IX zulässig ist. Es handelt sich hierbei um ein geordnetes Verfahren zur Prüfung der Rechte eines Schwerbehinderten, wobei dessen Interessen gegen die der betrieblichen Interessen abzuwägen sind.[331]

2.2. KSchG ist auf das Arbeitsverhältnis anwendbar

Wenn das KSchG anwendbar ist, führt das Unterbleiben des Präventionsverfahrens nicht zwingend zur Unwirksamkeit der Kündigung. Wenn das Integrationsamt die Zustimmung gemäß § 85 SGB IX erteilt, so ist grundsätzlich davon auszugehen, dass die präventiven Maßnahmen die Kündigung nicht hätten verhindern können.[332] Haben sich die Störungen im Arbeitsverhältnis so manifestiert und ein solches Gewicht erreicht, dass diese Gründe die Kündigung sozial rechtfertigen, kann das Präventionsverfahren diese nicht mehr verhindern.[333]

Wenn der Arbeitgeber im Kündigungsschutzprozess seiner Erörterungspflicht nicht nachkommt, so trägt er die sekundäre Beweislast dafür, dass ihm auch unter Durchführung des Präventionsverfahrens die weitere zumut-

---

329 Thies in: HWK, § 84 SGB IX, Rn. 7.
330 BAG 28.06.2007 – 6 AZR 750/06, NZA 2007, S. 1049; BAG 24.01.2008, NZA-RR 2008, S. 404.
331 Thies in: HWK, § 84 SGB IX, Rn. 6.
332 ErfK/Rolfs, SGB IX § 84, Rn. 3.
333 ErfK/Rolfs, § 84 SGB IX, Rn. 3; BAG 07.12.2006, NZA 2007, S. 61; BAG 08.11.2007, NZA 2008, S. 471.

bare Beschäftigung nicht möglich gewesen ist.[334] Das Verfahren ist daher keine formelle Voraussetzung für den Ausspruch der Kündigung,[335] aber § 84 Abs. 1 konkretisiert den Verhältnismäßigkeitsgrundsatz.[336] Insofern besteht zwar keine Rechtspflicht zur Umsetzung der im Verfahren bekannt gewordenen Erkenntnisse und Beschäftigungsmöglichkeiten, aber in einem daran folgenden Kündigungsschutzprozess wirkt sich dies für den Arbeitgeber nachteilig aus, sofern er den gewonnenen Erkenntnissen nicht weiter Beachtung schenkt.[337]

2.3. Schadensersatzanspruch des Schwerbehinderten

Sofern der Arbeitgeber diese Verpflichtung schuldhaft verletzt, hat der schwerbehinderte Arbeitnehmer Ansprüche auf Schadensersatz, welche in der Regel auf Ersatz der entgangenen Vergütung gerichtet sind.[338] Hierbei trägt allerdings der schwerbehinderte Arbeitnehmer die Darlegungs- und Beweislast hinsichtlich der Begründung des Schadensersatzanspruchs.[339] Wenn der Arbeitgeber allerdings seiner Verpflichtung aus § 84 Abs. 1 SGB IX nicht nachgekommen ist, trifft ihn die sekundäre Beweislast dafür, dass eine weitere zumutbare Beschäftigung des Arbeitnehmers nicht möglich war.[340] Er kann sich nicht darauf berufen, dass er keine Kenntnisse hatte, wie er einen Arbeitsplatz behindertengerecht einrichten muss, da er gerade verpflichtet ist, die genannten Stellen einzuschalten, welche die Fachkompetenz besitzen und auch ggf. die notwendigen Mittel zur Verfügung stellen können, wenn dies nach der Arbeitsorganisation und die Anschaffung der Hilfsmittel dem Arbeitgeber zumutbar erscheint und nicht gegen Unfallverhütungsvorschriften verstößt.[341]

Daher ist dem Arbeitgeber anzuraten, bei schwerbehinderten Arbeitnehmern, unabhängig von der Anwendbarkeit des KSchG, ein Präventionsverfahren durchzuführen.

---

334 ErfK/Rolfs, § 84 SGB IX, Rn. 3; BAG 04.10.2005, NZA 2006, S. 442.
335 BAG 07.12.2006, NZA 2007, S. 617; BAG 28.06.2007, NZA 2007, S. 1049.
336 Thies in: HWK, § 84 SGB IX, Rn. 8.
337 Deinert in: NZA 2010, S. 969, 971.
338 Thies in: HWK, § 84 SGB IX, Rn. 7.
339 Thies in: HWK, SGB IX § 84, Rn. 7.
340 Thies in: HWK, SGB IX § 84, Rn. 7.
341 Thies in: HWK, § 84 SGB IX, Rn. 7.

V. Durchführung des BEM

Die Durchführung des BEM gemäß § 84 Abs. 2 SGB IX selbst ist gesetzlich nicht geregelt, sondern gestaltet sich relativ frei, wobei sich die gesetzlichen Mindestanforderungen an das Verfahren ableiten lassen, welche zu beachten sind.[342] Daher gibt es einige Aspekte im Vorfeld zu klären, um das Verfahren geordnet durchführen zu können.

1. BEM-Verfahren als sog. „Suchprozess"

Das BEM ist nicht als formalisiertes Verfahren zu sehen, sondern lässt den am Verfahren Beteiligten einen weiteren Spielraum. Es geht um die Etablierung eines rechtlich regulierten, unverstellten, verlaufs- und ergebnisoffenen „Suchprozesses".[343]

Es wird daher auf den individuellen Fall abgestellt, um der Arbeitsunfähigkeit des Arbeitnehmers entgegenwirken zu können.[344] Es sollen alle Aspekte in dem Verfahren, welche für die Zielerreichung infrage kommen, berücksichtigt und keine vernünftigen Lösungsmöglichkeiten von vornherein ausgeschlossen werden.[345] Auch werden keine bestimmten Mittel vorgeschrieben, welche zum Einsatz kommen sollen.[346] Das Verfahren ist damit ergebnisoffen. Auch wird dem Arbeitgeber nicht zur Auflage gemacht, bestimmte Vorschläge für den Arbeitnehmer zu machen.[347] Jeder Beteiligte am BEM-Verfahren soll vielmehr sich selbst in die Gespräche mit einbringen und Lösungsmöglichkeiten aufzeigen.[348] Dem Arbeitnehmer darf dies im Umkehrschluss aber auch nicht abgelehnt oder verwehrt werden.[349] So sollen von allen Beteiligten die Vorstellungen im Verfahren erörtert werden, um sinnvolle Lösungen zu erarbeiten.[350]

---

342 Kerwer in: BDDH, § 1 KSchG, Rn. 447.
343 BAG 22.03.2016 – 1 ABR 14/14, NZA 2016, S. 1283, 1284; BAG 10.12.2009 – 2 AZR 198/09, NZA 2010, S. 639.
344 BAG 10.12.2009 – 2 AZR 400/08; NZA 2010, S. 398; BAG 10.12.2009 – 2 AZR 198/09, NZA 2010, S. 639.
345 Schmidt, S. 13/14.
346 ErfK/Müller-Glöge, BGB § 626, Rn. 48 b.
347 vgl. ErfK/Müller-Glöge, BGB § 626, Rn. 48 b.
348 ErfK/Müller-Glöge, BGB § 626, Rn. 48 b; BAG 10.12.2009, NZA 2010, S. 398.
349 BAG 10.12.2009 – 2 AZR 400/08, NZA 2010, S. 398; BAG 10.12.2009 – 2 AZR 198/09, NZA 2010, S, 639.
350 ErfK/Müller-Glöge, BGB § 626, Rn. 48 b; BAG 10.12.2009, NZA 2010, S. 398.

2. Mindestvoraussetzungen des Verfahrens

Aus dem Gesetz lassen sich aber die Mindeststandards ableiten. Das BAG geht daher davon aus, dass die gesetzlich dafür vorgesehenen Stellen, Ämter und Personen zu beteiligen sind. Diese alle am BEM-Verfahren Beteiligten haben eine „an den gesetzlichen Zielen des BEM orientierte Klärung ernsthaft zu versuchen".[351] Hierfür ist notwendig festzustellen, welche gesundheitlichen Einschränkungen zu den Ausfallzeiten wegen krankheitsbedingter Arbeitsunfähigkeit geführt haben und welche Möglichkeiten bestehen, diese Fehlzeiten zu verringern, um eine krankheitsbedingte Kündigung zu vermeiden.[352]

Die Mindestvoraussetzungen des BEM-Verfahrens umfassen nach Kempter/Steinat daher:[353]

- Die Beteiligung der in § 93 SGB IX, genannten Stellen, Ämter, Personen.
- Keine vernünftig erscheinende Änderungs- oder Anpassungsmöglichkeit darf von vornherein ausgeschlossen werden.
- Die vorgebrachten Vorschläge der Beteiligten sind sachlich zu erörtern.

Dies bedeutet jedoch nicht, dass der Arbeitgeber auch verpflichtet ist, das BEM-Verfahren zu leiten.[354] Er hat aber nach der gesetzlichen Verpflichtung dafür zu sorgen, dass alle am Verfahren Beteiligten zielführend mitwirken. Insofern trifft ihn eine gewisse Moderationspflicht, welche er jedoch delegieren kann.[355] Der Arbeitgeber muss daher dem Arbeitnehmer keine bestimmten Vorschläge machen, sondern alle Beteiligten und auch insbesondere der Arbeitnehmer sollen sich in das Verfahren einbringen. Die Beteiligten sollen allesamt ihnen sinnvoll erscheinende Möglichkeiten vorbringen und Lösungsmöglichkeiten aufzeigen.[356]

Zu den einzelnen Rechten und Verpflichtungen wird im Folgenden näher eingegangen.

3. Initiativlast des Arbeitgebers

Grundsätzlich treffen zunächst den Arbeitgeber die Initiativlast und die Pflicht der organisatorischen Umsetzung.[357] Der Arbeitgeber hat jedoch

---

351 BAG 10. 12. 2009 – 2 AZR 400/08, NZA 2010, S. 398.
352 BAG 10. 12. 2009 – 2 AZR 400/08, NZA 2010, S. 398.
353 Kempter/Steinat in: NZA 2015, S. 840, 841.
354 Thies in: HWK, SGB IX § 84, Rn. 15.
355 Thies in: HWK, § 84 SGB IX, Rn. 15.
356 ErfK/Rolfs, § 84 SGB IX, Rn. 6; BAG 10. 12. 2009, NZA 2010, S. 639.
357 BAG 10. 12. 2009 – 2 AZR 198/09, NZA 2010, S. 639; Hoffmann-Remy in: NZA 2016, S. 1261, 1262.

kein Monopol zur Durchführung. Das Gesetz räumt vielmehr den anderen Beteiligten das Recht ein, das BEM durchzuführen. So kann auch der Arbeitnehmer vom Arbeitgeber verlangen, dass dieses durchgeführt wird.[358] Aber auch der Betriebsrat und die Schwerbehindertenvertretung können die Einleitung anregen.[359]

4. Mitwirkungspflicht des Arbeitnehmers

Da es um den Fortbestand des Arbeitsverhältnisses für den Arbeitnehmer geht, wird eine prinzipielle Mitwirkungspflicht des Arbeitnehmers befürwortet.[360]

Ob den Arbeitnehmer bei der Durchführung des Verfahrens eine echte Mitwirkungspflicht trifft, ist aber umstritten. Diese wird aber vielfach angenommen.[361] Es ist jedoch davon auszugehen, dass es sich zumindest um eine Obliegenheitspflicht des Arbeitnehmers handelt.[362] Sofern dieser seiner Mitwirkung nicht nachkommt, drohen ihm die entsprechenden Nachteile im Rahmen des Kündigungsschutzprozesses hinsichtlich seiner Darlegungs- und Beweislast.[363]

5. Zustimmung des Arbeitnehmers unter vorheriger ausführlicher Aufklärung durch den Arbeitgeber

Der Arbeitgeber hat vor Einleitung des Verfahrens den Arbeitnehmer über die Ziele des Verfahrens und die Art sowie den Umfang der erhobenen und zu verwendenden Daten zu unterrichten.[364]

Der Gesetzgeber erachtet die Aufklärung durch den Arbeitgeber für sehr wichtig, damit der Arbeitnehmer über alle Fakten zur Durchführung des BEM informiert ist. Dies zählt zu den Mindeststandards des BEM-Verfahrens.[365] Die Aufklärung dient dazu, dem Arbeitnehmer seine Entscheidung zu ermöglichen, ob er dem Verfahren zustimmt oder nicht.[366] Dies resultiert daraus, dass die Beteiligung des Arbeitnehmers an dem Verfahren freiwillig

---

358 Deinert in: NZA 2010, S. 969, 972.
359 Deinert in: NZA 2010, S. 969, 972.
360 Hierzu ausführlich: Wetzling/Habel in: NZA 2007, S. 1129.
361 LAG Rheinland-Pfalz 12.02.2010, BeckRS 2010, S. 68195.
362 ErfK/Rolfs, SGB IX § 84, Rn. 5.
363 ErfK/Rolfs, § 84 SGB IX, Rn. 5.
364 Thies in: HWK, § 84 SGB IX, Rn. 14.
365 BAG 24.03.2011, 2 AZR 170/10, NZA 2011, S. 254.
366 Thies in: HWK, § 84 SGB IX, Rn. 14.

erfolgt und er damit „Herr des Verfahrens" ist.[367] Der Arbeitnehmer kann daher beeinflussen, welche Personen und Stellen am Verfahren beteiligt werden und welche personenbezogenen Daten an diese weitergeleitet werden sollen.[368]

Dem Arbeitnehmer sind die Ziele des betrieblichen Eingliederungsmanagements zu verdeutlichen, da ohne die Aufklärung bei dem Arbeitnehmer die Furcht besteht, durch die Maßnahme gerade seinen Arbeitsplatz zu verlieren. Insbesondere hat er Angst, dass bei der Durchführung seine gesundheitlichen Einschränkungen in der Form zur Sprache kommen, dass der Arbeitgeber die körperlichen Einschränkungen ausforscht, um dann einen Kündigungsgrund zu haben bzw. seine negative Prognose auf diese Einschränkungen stützen zu können.[369] Das BEM hat aber genau das Gegenteil zum Ziel, denn es soll gerade die Überwindung der Arbeitsunfähigkeit und die Weiterbeschäftigung und Erhaltung des Arbeitsplatzes gewährleisten.[370] Es kommt daher gar nicht darauf an, dass der Betroffene seine Diagnose offenlegt. Vielmehr ist von Bedeutung, dass der betroffene Arbeitnehmer die Auswirkungen seiner Erkrankung auf seine Tätigkeit erläutert. Insofern wird ein medizinisches Leistungsprofil benötigt.[371]

Diese Zustimmung des Arbeitnehmers ist vor Durchführung des BEM-Verfahrens einzuholen.[372] Aus der Gesetzesintension des § 1 S. 1 SGB IX folgt, dass der Arbeitnehmer entsprechend mit beeinflussen und seinen Willen dahingehend äußern kann, welche Stellen und Personen beteiligt, welche personenbezogenen Daten gesammelt und weitergeleitet werden und wer hierauf ein Zugriffsrecht besitzt.[373] Der Arbeitgeber muss daher nicht nur die Ziele und den Inhalt des BEM dem Arbeitnehmer deutlich machen und darüber aufklären, sondern sich auch das Einverständnis des betroffenen Mitarbeiters bei Hinzuziehung des Betriebsrats bei der „Klärung von Möglichkeiten" einholen. Der Mitarbeiter ist darauf explizit hinzuweisen, dass er auch davon absehen kann, den Betriebsrat zu beteiligen.[374]

Erst wenn der Arbeitnehmer hierzu aufgeklärt und ihm die Tragweite des Verfahrens mitgeteilt wurde, kann er auch entsprechend seine Zustimmung geben. Hierzu gehört, dass dem Arbeitnehmer erläutert werden muss, dass Ziel des Verfahrens der Erhalt des Arbeitsplatzes ist und es sich um ein „er-

---

367 Raif/Bordet in ArbRAktuell 2011, S. 400, 401; Rose/Ghorai in BB 2011, S. 949, 951.
368 ErfK/Rolfs, § 84 SGB IX, Rn. 5.
369 vgl. Schmidt, S. 12.
370 Schmidt, S. 2.
371 Balikcioglu in NZA 2015, S. 1424, 1429; vgl. Schmidt, S. 12.
372 Schmidt, S. 20.
373 Schmidt, S. 19; ErfK/Rolfs, § 84 SGB IX, Rn. 5.
374 BAG 22.03.2016 – 1 ABR 14/14, NZA 2016, S. 1283.

gebnisoffenes Verfahren" handelt, in welches sich jeder Beteiligte, auch der Arbeitnehmer, entsprechend einbringen soll und muss.[375] Der Arbeitnehmer ist ein mitwirkungsberechtigter Partner[376], welcher sich jederzeit einbringen darf und im eigenen Interesse dies auch wahrnehmen sollte. Hierzu ist aber auf der anderen Seite erforderlich, dass der Arbeitnehmer das notwendige Vertrauen in das Verfahren und den Arbeitgeber aufbringen kann, denn hiervon kann der maßgebliche Erfolg des Verfahrens gerade abhängen.[377]

Es besteht aber keine Verpflichtung des Arbeitgebers, sämtliche Arbeitnehmer im Vorhinein darüber zu informieren, wann und wie das BEM durchzuführen ist. Er ist nur verpflichtet, die betroffenen Arbeitnehmer aufzuklären, welche innerhalb eines Jahres länger als sechs Wochen ununterbrochen oder wiederholt arbeitsunfähig erkrankt gewesen sind.[378] Weiterhin ist zu bedenken, dass die Aufklärung der betroffenen Mitarbeiter nicht zum Ziel hat, den Ablauf und den Inhalt des BEM zu regeln oder das Verhalten der Arbeitnehmer zu steuern, zu koordinieren oder gar zu beeinflussen.[379]

Es genügt den gesetzlichen Anforderungen an die Aufklärung aber nicht, dass lediglich ein Fehlzeitengespräch mit dem Arbeitnehmer geführt wird. Auch genügt der Besuch des Betriebs- oder Werksarztes als Ersatz für ein BEM-Verfahren ohne Aufklärung nicht aus.[380] Gerade vor der Untersuchung muss bereits die Aufklärung durch den Arbeitgeber stattfinden, sodass sich der Arbeitnehmer im Vorfeld vorbereiten kann.[381]

Stimmt der Arbeitnehmer der Einleitung des BEM-Verfahrens ausdrücklich nicht zu, so darf der Arbeitgeber dieses aus eigenen Stücken nicht durchführen. Daher ist er auch nicht berechtigt, von sich aus die zuständigen Stellen des BEM-Verfahrens einzuschalten.[382] Bei Ablehnung des Arbeitnehmers nach ordnungsgemäßer Aufklärung ist das Verhalten des Arbeitnehmers „kündigungsneutral" zu betrachten. Dies bedeutet, dass den Arbeitnehmer keine kündigungsrelevanten Konsequenzen treffen[383] und dem Arbeitgeber nach wie vor die Beweislastpflicht obliegt.[384] Eine konkrete Ablehnung soll aber noch nicht vorliegen, wenn der Arbeitnehmer aus gesundheitlichen

---

375 Schmidt, S. 51.
376 Schmidt, S. 19.
377 Schmidt, S. 19.
378 BAG 22.03.2016 – 1 ABR 14/14, NZA 2016, S. 1283, 1285.
379 BAG 22.03.2016 – 1 ABR 14/14, NZA 2016, S. 1283, 1285.
380 Schmidt, S. 51.
381 LAG Hessen 03.06.2013 – 21 Sa 14546/1.
382 BAG 24.03.2011 – 2 AZR 170/10, NZA 2011, S. 992.
383 Kerwer in: BDDH, § 1 KSchG, Rn. 447.
384 BAG 24.03.2011 – 2 AZR 170/10, NZA 2011, S. 992.

Gründen noch nicht in der Lage ist, das Gespräch wahrzunehmen.[385] Dem ist der Fall gleichzustellen, dass der Arbeitnehmer die Teilnahme am BEM-Gespräch nicht endgültig abgelehnt hat, sondern dieses „zu der Zeit für nicht erforderlich" hält.[386]

6. Datenschutzverpflichtung des Arbeitgebers und der weiteren am Verfahren beteiligten Personen

Der Arbeitgeber hat insbesondere auch das Datenschutzgesetz zu beachten, da im BEM personenbezogene Daten des Arbeitnehmers erhoben, genutzt und verarbeitet werden. Dies ergibt sich aus § 1 Abs. 2 Nr. 3 BDSG.[387] Wie bereits zuvor ausgeführt, ist der Arbeitnehmer „Herr des Verfahrens". Dieses kann nur mit seiner Zustimmung durchgeführt werden.[388] Er muss daher zuvor über die Art der zu erhebenden Daten sowie deren Umfang umfassend durch den Arbeitgeber aufgeklärt werden.[389]

Doch nicht nur die anfängliche Unterrichtung ist Pflicht des Arbeitgebers, sondern dieser hat den Arbeitnehmer über den Fortgang des Verfahrens laufend zu unterrichten und auch während des Verfahrens über die Datenerhebung aufzuklären.[390] Der Arbeitnehmer hat das Recht, auch noch während des laufenden Verfahrens der Einholung und Verarbeitung von bestimmten oder weiteren Daten zu widersprechen. Daher ist der Arbeitnehmer auch darüber aufzuklären, inwiefern die betrieblichen Interessenvertretungen oder Dritte am Verfahren beteiligt werden sollen.[391] Bei der Erhebung, Nutzung und Weitergabe von Gesundheitsdaten, welche innerhalb des BEM-Verfahrens ermittelt und erhoben werden, ist der Arbeitnehmer erneut umfassend zu informieren und einzeln seine Zustimmung zur Erhebung, Verarbeitung und Weitergabe bei den sensiblen Gesundheitsdaten bezüglich jedes Beteiligten abzuklären.[392]

Bei der Zustimmung zur Datenerhebung und Verwertung ist eine gesonderte schriftliche Einwilligung erforderlich und nicht von der konkludenten Zustimmung zur Durchführung des BEM-Verfahrens gedeckt.[393]

---

385 Schmidt, S. 21.
386 LAG Hamm 27.01.2012 – 13 Sa 1493/11.
387 Deinert in: NZA 2010, S. 969, 973.
388 Thies in: HWK, § 84 SGB IX, Rn. 26.
389 Thies in: HWK, § 84 SGB IX, Rn. 26.
390 Thies in: HWK, SGB IX § 84, Rn. 26.
391 Thies in: HWK, § 84 SGB IX, Rn. 26.
392 Thies in: HWK, § 84 SGB IX, Rn. 27.
393 Deinert in: NZA 2010, S. 969, 973.

In Bezug auf die Mitteilung des Arbeitgebers an den Betriebsrat bzw. den Personalrat und ggf. die Schwerbehindertenvertretung bedarf es nicht der Einwilligung des Arbeitnehmers hinsichtlich der Meldung von Arbeitnehmern, welche im Kalenderjahr länger als 6 Wochen arbeitsunfähig erkrankt waren.[394] Diese Erhebung und Verwertung der Daten sind für die Ausübung von rechtlichen Ansprüchen erforderlich, sodass die entsprechende Einwilligung des Arbeitnehmers hierzu noch nicht vorliegen muss. Die Nutzung dieser Daten ist für den Arbeitgeber auch notwendig, um seiner gesetzlichen Verpflichtung nachzukommen.[395] Auch der Betriebsrat hat durch sein Mitbestimmungsrecht das Recht, dass ihm die betroffenen Arbeitnehmer mitgeteilt werden.[396]

Die Nennung der ärztlichen Diagnose ist gerade nicht erforderlich, sondern der Arbeitnehmer ist lediglich dazu angehalten, die Angaben zu machen, welche für seine Einsatzmöglichkeiten im Betrieb notwendig sind bzw. einen konkreten Bezug zu seinem Arbeitsplatz aufweisen.[397]

Die sensiblen Gesundheitsdaten sollten daher streng vertraulich behandelt werden und nur das besprochen werden, was für die Zielerreichung notwendig ist. Dies bedeutet, dass Krankheitsursachen in Verbindung mit den in Betracht zu ziehenden Hilfsangeboten erörtert werden sollen.[398] Die Erforschung von Krankheitsursachen ist grundsätzlich nur dann von Bedeutung, sofern dies mit der Tätigkeit zusammenhängt.[399] Hier wird empfohlen, die Informationen, insbesondere bekannt werdende Gesundheitsdaten, in einer gesonderten Akte aufzubewahren, auf welche nur wenige ausgesuchte Personen und am BEM-Verfahren Beteiligte Zugriff besitzen.[400] In die Personalakte sollen daher nur die Eckdaten aufgenommen werden.[401] Dies bedeutet, dass eine Schweigepflicht der beteiligten Personen am BEM-Verfahren besteht, was insbesondere den Betriebs- bzw. Werksarzt betrifft.[402]

Damit ist allerdings noch nicht die Frage geklärt, inwiefern der Arbeitnehmer bei seiner Zustimmung zur Verwendung der Daten im Rahmen des BEM auch zur Verwendung dieser im Rahmen eines Kündigungsschutzprozesses erteilt. Hier besteht die Gefahr, dass gerade bei negativem Ergebnis, d. h. bei der Nichtweiterbeschäftigung und Kündigung des Arbeitsverhält-

---

394 Thies in: HWK, SGB IX § 84, Rn. 27.
395 Thies in: HWK, SGB IX § 84, Rn. 27.
396 Thies in: HWK, § 84 SGB IX, Rn. 27.
397 Schmidt, S. 12/13.
398 Schmidt, S. 13.
399 Schmidt, S. 10, 11, 13.
400 Deinert in: NZA 2010, S. 969, 973.
401 Schiefe in: RdA 2016, S. 196, 204.
402 Schmidt, S. 26.

nisses, der Arbeitgeber die im BEM-Verfahren gewonnen Daten zu seinen eigenen Gunsten verwendet, wenn er beispielsweise die Diagnose erfährt und er damit die negative Prognose gegenüber dem Gericht belegen möchte.[403] Wie in diesem Fall zu verfahren ist, ist allerdings noch nicht abschließend geklärt. Der Arbeitgeber wird daher bestrebt sein, durch eine weit gefasste Einverständniserklärung des Arbeitnehmers möglichst umfangreich Daten zu sammeln sowie eine umfassende Dokumentation der Unterrichtung des Arbeitnehmers anzulegen, um mit den bekannt gewordenen sensiblen Gesundheitsdaten die negative Prognose zu untermauern und damit die Kündigung zu rechtfertigen.[404] Die Heranziehung der Daten zur Begründung der krankheitsbedingten Kündigung stellt eine Zweckänderung dar, welche nur nach Maßgabe des § 28 Abs. 8 BDSG zulässig sein soll. Liegen die gesetzlichen Voraussetzungen der Vorschrift jedoch nicht vor, so kommt eine Verwendung nur dann in Betracht, wenn der Arbeitnehmer hierin eingewilligt hat, woran es zumeist fehlen wird.[405]

7. Beteiligung der zuständigen Interessenvertretungen

Der Arbeitgeber ist verpflichtet, das BEM durchzuführen, das gesetzlich normiert ist. Die Ziele des BEM können grundsätzlich auch ohne Betriebsrat, sofern im Betrieb nicht vorhanden, nur mit dem Arbeitgeber und dem Arbeitnehmer vereinbart werden. Es gibt Berufsgenossenschaften, die für ihre Mitgliedsunternehmen Handlungsleitfäden, insbesondere für Kleinbetriebe, entwickelt haben. So werden Handlungsschritte für die Durchführung des BEM festgelegt.[406]

Wer dennoch an dem Verfahren zu beteiligen ist, ergibt sich aus § 84 Abs. 2 SGB IX. Die Parteien sind gefordert, dieses entsprechend auszugestalten.[407]

Der Arbeitgeber hat daher die zuständige Interessenvertretung im Sinne des § 93 SGB IX hinzuzuziehen. Hierzu gehört der Betriebsrat (ggf. der Personalrat) und bei schwerbehinderten Menschen auch zusätzlich die Schwerbehindertenvertretung sowie die Hinzuziehung von Betriebs- und Werksarzt (§ 84 Abs. 2 S. 2 SGB IX).[408] Das Integrationsamt und die örtlichen gemein-

---

403 Thies in: HWK, § 84 SGB IX, Rn. 28.
404 Thies in: HWK, § 84 SGB IX, Rn. 28.
405 Deinert in: NZA 2010, S. 969, 973.
406 Düwell in: DDJ, § 84 SGB IX, Rn. 55.
407 LAG Berlin-Brandenburg 23.09.2010 – 25 TaBV 1155/10; LAG Düsseldorf 29.09.2009 – 17 TaBV 107/09; LAG Nürnberg 16.01.2013 – 2 TaBV 2/12; LAG Hamburg 15.01.2013 – 2 TaBV 13/11.
408 Dörner/Vossen in: APS, § 1 KSchG, Rn. 196.

samen Servicestellen sind vor allem dann zu beteiligen, wenn Leistungen zur Teilhabe, aber auch begleitende Hilfen in Betracht kommen.[409] Es besteht aber in der Regel kein Anspruch auf die Hinzuziehung eines Rechtsbeistands.[410]

Das Gesetz geht davon aus, dass nicht einzelne Personen den vollständigen Sachverstand zur Durchführung des Verfahrens besitzen, um sämtliche Möglichkeiten zu wissen und zu erkennen, wie der Arbeitsunfähigkeit vorgebeugt und diese überwunden werden kann. Hierbei kann auch vom Arbeitnehmer selbst erwartet werden, dass er seinen Beitrag zum Gelingen des BEM leistet.[411]

Daher soll durch alle Beteiligten in einem gemeinsamen Prozess nach Lösungsmöglichkeiten gesucht werden. Insofern sind alle Beteiligten einzubinden und einen Dialog zwischen dem Arbeitgeber, dem Arbeitnehmer und den beteiligten Stellen zur Zweckerreichung zu führen. Als Sachverständiger kann vor allem hier der Werks- bzw. Betriebsarzt fungieren.[412]

Zwar wird kein konkretes Verfahren vom Arbeitgeber abverlangt, dennoch empfiehlt es sich, eine gewisse Struktur einzubringen.[413] Dies kann durch eine Integrationsvereinbarung gemäß § 84 Abs. 2 SGB IX, eine Betriebsvereinbarung oder Verfahrensordnung geschehen. Eine konkrete Verpflichtung, eine solche Verfahrensordnung mit einer konkreten Anleitung zur Durchführung des BEM zu den Abläufen und konkret zu benennenden Maßnahmen besteht nicht.[414]

7.1. Betriebsrat

Der Arbeitgeber ist verpflichtet, das gesetzlich normierte Verfahren durchzuführen, wobei die Parteien aufgefordert sind, dieses entsprechend auszugestalten.[415] Dem Arbeitgeber obliegt aber die Aufgabe bei dem Klärungsprozess, die sich aus der gesetzlichen Regelung ergebenden Anforderungen, wozu auch die Beteiligung des Betriebsrats gehört, zu wahren.[416] Hierbei ist

---

409 ErfK/Rolfs, § 84 SGB IX, Rn. 7.
410 LAG Rheinland-Pfalz 18.12.2014 – 5 Sa 518/14, NZA-RR 2015, S. 262.
411 Deinert in: NZA 2010, S. 969, 274.
412 Schmidt, S. 16.
413 Schunder in: NZA-Beilage 2015, S. 96.
414 Schmidt, S. 16.
415 LAG Berlin-Brandenburg 23.09.2010 – 25 TaBV 1155/10; LAG Düsseldorf 29.09.2009 – 17 TaBV 107/09; LAG Nürnberg 16.01.2013 – 2 TaBV 2/12; LAG Hamburg 15.01.2013 – 2 TaBV 13/11.
416 BAGE 140, 350, NZA 2012, S. 744.

er verpflichtet, bei entsprechendem Einverständnis des Arbeitnehmers, den Betriebsrat hinzuzuziehen.[417]

Nach § 84 Abs. 2 S. 1 SGB IX ist der Betriebsrat im Rahmen des Klärungsprozesses durch den Arbeitgeber zu unterrichten, auch ggf. unter Hinziehung der weiteren in § 84 Abs. 2 S. 2 SGB IX genannten Personen, damit eine Verständigung über die bestehenden Möglichkeiten für das betriebliche Eingliederungsmanagement erfolgen kann. Der Betriebsrat selbst oder der von ihm benannte Vertreter besitzt jedoch kein Anwesenheitsrecht bei den Gesprächen des Arbeitgebers mit dem betreffenden Arbeitnehmer.[418] § 84 Abs. 2 SGB IX regelt aber nur die Frage, wann das BEM durchzuführen ist, aber nicht wie dieses auszugestalten ist. Daher besteht hier für den Betriebsrat die Möglichkeit der Mitbestimmung zu abstrakt generellen Verfahrensregelungen:[419][420]

a) Überwachungsrecht des Betriebsrats

Dem Betriebsrat steht aufgrund der Regelung aus § 84 Abs. 2 Nr. 7 BetrVG ein Überwachungsrecht zu. Der Gesundheitsschutz zielt auf einen umfassenden Gefahrenschutz.[421]

Hierfür ist noch keine Zustimmung des Arbeitnehmers erforderlich. Der Betriebsrat kann daher verlangen, dass der Arbeitgeber ihm in regelmäßigen Abständen, aber mindestens halbjährlich, die Namen der Arbeitnehmer übermittelt, welche für die Durchführung eines BEM-Verfahrens aufgrund der Erkrankungszeiten in Betracht kommen.[422] Dem Betriebsrat sind daher nur die Namen der Arbeitnehmer mitzuteilen, welche länger als 6 Wochen erkrankt sind. Die Namensliste sowie die Hinweisschreiben sollen nur beschränkt dem Personalrats- bzw. Betriebsratsvorsitzenden oder einem eigens hierfür beauftragten Personalrats- bzw. Betriebsratsmitglied zugänglich gemacht werden.[423] Der Betriebsrat erhält jedoch keine weiteren Informationen darüber, wie sich der betreffende Arbeitnehmer zur Durchführung des BEM geäußert hat.[424] Diese Verpflichtung des Arbeitgebers zur Mittei-

---

417 BAG 22.03.2016 – 1 ABR 14/14, NZA 2016, S. 1284, 1285.
418 BAG 22.03.2016 – 1 ABR 14/14, NZA 2016, S. 1283, 1285.
419 Thies in: HWK, § 84 SGB IX, Rn. 18.
420 Schunder in: NZA-Beilage 2015, S. 96.
421 Deinert in: NZA 2010, S. 969, 972.
422 BAG 07.02.2012 – 1 ABR 46/10, NZA 2012, S. 744, 745, Rn. 16 ff.; ErfK/Rolfs, § 84 SGB IX, Rn. 7.
423 Schmidt, S. 31; BVerwG 23.06.2010 – 6 P 8/09, PersR 2010, S. 442; ErfK/Rolfs, § 84 SGB IX, Rn. 7.
424 ErfK/Rolfs, § 84 SGB IX, Rn. 7.

lung der in Betracht kommenden Mitarbeiter für die Durchführung des BEM nach § 95 Abs. 1 Nr. SGB IX besteht auch gegenüber der Schwerbehindertenvertretung.[425]

b) Mitbestimmungsrecht des Betriebsrats

Das erzwingbare Mitbestimmungsrecht des Betriebs- bzw. Personalrats ist insgesamt sehr eingeschränkt.[426] Vielmehr ist bei der Ausgestaltung des BEM jede einzelne Regelung zu prüfen, ob ein Mitbestimmungsrecht angenommen werden kann.[427] Hierzu wird im Folgenden eingegangen.

Ein Mitbestimmungsrecht kann sich bei allgemeinen Verfahrensfragen aus § 87 Abs. 1 Nr. 1 BetrVG, der Ausgestaltung des Gesundheitsschutzes nach § 87 Abs. 1 Nr. 7 BetrVG, resultierend auch aus § 84 Abs. 2 SGB IX als Rahmenvorschrift im Sinne des BetrVG und der Nutzung und Verarbeitung der Gesundheitsdaten von Arbeitnehmern im Sinne des § 87 Abs. 1 Nr. 6 BetrVG ergeben.[428]

Durch die Durchführung des BEM wird das Ordnungsverhalten im Betrieb soweit tangiert, dass ein Mitbestimmungsrecht des Betriebsrats anzunehmen ist.[429] Die Arbeitnehmer werden so in die Aufklärung und Überwindung der körperlichen Defizite eingebunden.[430] Daher entspricht gerade die Durchführung des BEM dem Zweck des Mitbestimmungsrechts nach § 87 Abs. 1 Nr. 1 BetrVG, da eine gleichberechtigte Teilhabe an der Gestaltung des betrieblichen Zusammenlebens gewährleistet werden soll.[431] In § 84 Abs. 2 SGB IX sind die Klärungs-, Überwachungs- und Beteiligungsrechte des Betriebsrats normiert, wobei diese erst nach Beginn des BEM greifen.[432] Für den Betriebsrat besteht durch die frühzeitige Beteiligung die Möglichkeit auf den Ablauf des BEM Einfluss zu nehmen sowie hinsichtlich der Zielrichtung und der Verschwiegenheitspflichten.[433] Die Regelungen greifen

---

425 Thies in: HWK, § 84 SGB IX, Rn. 17.
426 ErfK/Rolfs, § 84 SGB IX, Rn. 7.
427 Thies in: HWK, § 84 SGB IX, Rn. 18.
428 Thies in: HWK, § 84 SGB IX, Rn. 18; BAG 13.03.2012 – 1 ABR 78/10, NZA 2012, S. 748, 749.
429 ErfK/Kania, BetrVG § 87, Rn. 21a.
430 LAG Berlin-Brandenburg 23.09.2010 – 25 TaBV 1155/10; LAG Hamburg 15.01.2013 – 2 TaBV 13/11.
431 BAG 13.02.2007 – 1 ABR 18/06.
432 LAG Berlin-Brandenburg 23.09.2010 – 25 TaBV 1155/10; LAG Hamburg 15.01.2013 – 2 TaBV 13/11.
433 LAG Nürnberg 16.01.2013 – 2 TaBV 2/12; LAG Hamburg 15.01.2013 – 2 TaBV 13/11.

in die Ordnung des Betriebs ein und sind von daher mit dem Betriebsrat gemeinsam zu regeln.[434]

Dem Betriebsrat steht ein Initiativrecht nach § 87 Abs. 1 Nr. 7 BetrVG zu, wenn es um die Ausgestaltung der „Klärung von Möglichkeiten" im Rahmen des betrieblichen Eingliederungsmanagements nach § 84 Abs. 2 S. 1 SGB IX durch das Erstellen von generellen Verfahrensregelungen geht.[435] Der Abschluss einer solchen Verfahrensordnung ist für einen Betrieb, in welchem immer wieder gleich gelagerte Fälle vorkommen können, sehr sinnvoll, weshalb es sich empfiehlt, eine entsprechende Betriebsvereinbarung abzuschließen.[436] Im Gegensatz dazu erfasst eine Integrationsvereinbarung aus § 83 SGB IX nur schwerbehinderte Arbeitnehmer und nicht die sonstigen Angestellten im Betrieb, auch wenn eine solche Integrationsvereinbarung Verfahrensregeln für ein BEM aufstellt.[437] Im Falle des Mitbestimmungsrechts des Betriebsrats empfiehlt sich gar eine Kombination aus Betriebsvereinbarung und Integrationsvereinbarung, sodass auf diese Weise auch die Beteiligung der Schwerbehindertenvertretung gewährleistet wird.[438]

Sofern die Krankheitsdaten auch elektronisch ausgewertet werden, besteht auch ein Mitbestimmungsrecht seitens des Betriebsrats gemäß § 87 Abs. 1 Nr. 6 BetrVG.[439]

Eine Betriebsvereinbarung kann zwischen den am Verfahren Beteiligten Vertrauen schaffen. Es empfiehlt sich daher, folgende Punkte zu regeln: die verantwortlichen Personen und Stellen für die Einleitung des BEM, die Bildung eines BEM-Teams sowie die Beteiligung Dritter, der Ablauf des BEM sowie ein umfassendes Datenschutzkonzept.[440] Der Betriebsrat kann im Rahmen der gesetzlichen Vorschriften nach dem BetrVG beispielsweise die Einführung von strukturierten Krankengesprächen verlangen, wie auch Regelungen zum Gesundheitsschutz, sofern dem Arbeitgeber Handlungsspielräume verbleiben, Qualifikation und Qualifizierung der Beteiligten und mögliche Eingliederungsmaßnahmen.[441] Der Arbeitnehmer kann dann

---

434 LAG Berlin-Brandenburg 23.09.2010 – 25 TaBV 1155/10; LAG Hamburg 15.01.2013 – 2 TaBV 13/11.
435 BAG 22.03.2016 – 1 ABR 14/14, NZA 2016, S. 1283; BAG 11.02.2001 – 21 AZR 193/01, NZA 2002, S. 688.
436 BAG 10.12.2009 – 2 AZR 198/09, NZA 2010, S. 639; Schmidt, S. 16.
437 Schmidt, S. 16.
438 Deinert in: NZA 2010, S. 969, 972.
439 Schmidt, S. 21.
440 Raif/Bordet in ArbRAktuell 2011, S. 400, 403; Thies in: HWK, § 84 SGB IX, Rn. 18.
441 Deinert in: NZA 2010, S. 969, 972; ErfK/Rolfs, § 84 SGB IX, Rn. 7; BAG 08.11.1994, NZA 1995, S. 857; BAG 15.01.2002, NZA 2002, S. 995.

bei der Ausfüllung dieses Handlungsspielraums mitbestimmen.[442] Sofern eine Einigung zwischen den Parteien nicht zustande kommt, kann der Betriebsrat berechtigt, die Einigungsstelle anrufen.[443]

Allerdings besteht kein Mitbestimmungsrecht bei bereits normierten gesetzlichen Regelungen, da insofern kein zugänglicher Spielraum besteht und sie ohnehin vom Arbeitgeber zu beachten sind.[444]

Vom Mitbestimmungsrecht des Betriebsrats ist nicht umfasst, dass eine anschließende Umsetzung der konkreten Maßnahmen erfolgt.[445] Der Arbeitgeber wird durch den Betriebsrat aufgefordert, den betroffenen Arbeitnehmern das BEM anzubieten und ggf. dann auch durchzuführen. Jedoch ist zu bedenken, dass der Betriebsrat erst dann, wenn auch der betreffende Arbeitnehmer seine Einwilligung zum Verfahren erteilt hat, tätig werden kann, um den Klärungsprozess als individuelle Maßnahme durchsetzen zu können. Wenn keine Einwilligung des Arbeitnehmers vorliegt, oder dieser gar der Durchführung widersprochen hat, so darf der Betriebsrat den Klärungsprozess nicht initiieren.[446] Daher unterfällt zwar gemäß § 87 Abs. 1 Nr. 7 BetrVG der Mitbestimmung des Betriebsrats die Ausgestaltung des Klärungsprozesses, aber nicht die Errichtung oder Zusammensetzung des BEM-Teams, die Einladung oder gar die Umsetzung von BEM-Maßnahmen.[447] Der Betriebsrat kann daher nur die Unterrichtung vom Arbeitgeber und die Beratung dahingehend verlangen, dass eine Verständigung über die Möglichkeiten des BEM erfolgt.[448]

Die Willensbildung des Betriebsrats findet grundsätzlich in diesem als Gremium statt. Im Rahmen der gefassten Beschlüsse wird der Betriebsrat durch den Vorsitzenden nach § 26 Abs. 2 S. 1 BetrVG vertreten.[449] Gemäß § 28 Abs. 2 BetrVG hingegen können Aufgaben zur selbstständigen Entscheidung auf einzelne Betriebsratsmitglieder übertragen werden, wenn diese Mitglieder eines Ausschusses sind, welcher von Arbeitgeber und Betriebsrat gebildet wurden.[450] Dies ist dann aber eine eigenständige Einrichtung im Rahmen der Betriebsverfassung.[451]

---

442 BAG 15.01.2002, NZA 2002, S. 995; ErfK/Rolfs, § 84 SGB IX, Rn. 7.
443 LAG Hamburg 15.01.2013 – 2 TaBV 13/11.
444 vgl. Thies in: HWK, § 84 SGB IX, Rn. 18.
445 BAG 22.03.2016 – 1 ABR 14/14, NZA 2016, S. 1283, 1285.
446 Thies in: HWK, § 84 SGB IX, Rn. 16.
447 BAG 22.03.2016 – 1 ABR 14/14, NZA 2016, S. 1283.
448 BAG 22.03.2016 – 1 ABR 14/14, NZA 2016, S. 1283.
449 Fitting, BetrVG § 26, Rn. 24.
450 Fitting, BetrVG § 28, Rn. 38, 39.
451 BAG 22.03.2016 – 1 ABR 14/14, NZA 2016, S. 1283, 1285.

Die Bildung eines BEM-Teams hingegen bedarf jedoch der gemeinsamen Übereinkunft zwischen Arbeitgeber und Arbeitnehmer. Es ist nicht möglich, das BEM-Verfahren durch Spruch der Einigungsstelle auf ein Gremium zu übertragen, auch wenn dieses aus von Betriebsrat und Arbeitgeber benannten bzw. ausgesuchten Mitgliedern besteht. Eine solche Bildung eines gemeinsamen Ausschusses mit Übertragung von Entscheidungsbefugnissen ist nur dann möglich, wenn eine freiwillige Übereinkunft zwischen Arbeitgeber und Betriebsrat nach § 28 Abs. 2 BetrVG getroffen wurde.[452] Der Betriebsrat besitzt insbesondere kein Mitbestimmungsrecht, ob ein solches BEM- oder Integrationsteam eingerichtet wird. Die Errichtung des Teams ist keine bloße Verfahrensausgestaltung.[453] Auch kann durch eine Entscheidung der Einigungsstelle das Anwesenheitsrecht des Betriebsrats oder eines vom Betriebsrat benannten Vertreters bei den Gesprächen zwischen Arbeitgeber und Arbeitnehmer nicht durchgesetzt werden.[454]

Der Betriebsrat hat zu einem späteren Zeitpunkt das Recht gemäß § 102 Abs. 3 Nr. 4 BetrVG, sofern der Arbeitgeber die personenbedingte Kündigung aus krankheitsbedingten Gründen gegenüber dem Arbeitnehmer ausspricht, der Kündigung zu widersprechen, sofern der Arbeitgeber die formellen Verfahrensvoraussetzungen nicht eingehalten hat oder die Umsetzung von Maßnahmen, welche sich im Laufe des BEM-Verfahrens herausgestellt haben, unterlässt.[455]

7.2 Schwerbehindertenvertretung

Aber nicht nur der Betriebsrat, sondern auch die Schwerbehindertenvertretung kann für schwerbehinderte Menschen nach § 84 Abs. 2 S. 6 SGB IX die Durchführung des BEM-Verfahrens verlangen.

Sollte der Arbeitgeber dem Wunsch der Schwerbehindertenvertretung nicht nachkommen, so hat diese das Recht, die Durchführung des BEM unter deren Beteiligung im Wege des Beschlussverfahrens vor dem zuständigen Arbeitsgericht geltend zu machen.[456]

---

452 BAG 22.03.2016 – 1 ABR 14/14, NZA 2016, S. 1283, 1285.
453 Hoffmann-Remy, NZA 2016, S. 1260, 1262; BAG 22.03.2016 – 1 ABR 14/14, NZA 2016, S. 1283, 1285.
454 BAG 22.03.2016 – 1 ABR 14/14, NZA 2016, S. 1283.
455 Schmidt, S. 29.
456 Gagel in: NZA 2004, S. 1359, 1361; Düwell in: DDJ, SGB IX, § 84, Rn. 57, 78 ff.; Nassibi in: NZA 2012, S. 720, 722.

7.3 Betriebs- und Werksarzt

Der Betriebs- oder Werksarzt nimmt grundsätzlich eine neutrale Stellung ein und unterliegt der ärztlichen Schweigepflicht (§ 8 Abs. 1 S. 3 ASiG).[457]

Die Gespräche im Rahmen des BEM-Verfahrens haben meist die ärztlichen Befunde zum Gegenstand, welche durch die behandelnden Ärzte des Arbeitnehmers, aber auch durch den Betriebs- oder Werksarzt erstellt werden können.[458] Seine Aufgabe ist es insbesondere, das BEM-Verfahren in medizinischer Hinsicht mit dem medizinischen Fachwissen zu begleiten.[459] Die Stellungnahme des Betriebs- oder Werksarztes kann die konkreten Anforderungen an den Arbeitsplatz bei entsprechender Sichtung näher bezeichnen und eine genauere Einschätzung geben, welche Hilfen benötigt werden.[460] Er ist daher bei Bedarf hinzuzuziehen, um zu beurteilen und zu klären, ob von dem Arbeitsplatz Gesundheitsgefahren ausgehen und ob geeignete Maßnahmen in Betracht kommen.[461]

Die Hinzuziehung ist für den Arbeitgeber aus dem Grund zu empfehlen, wenn diesem gerade die Ursachen der Erkrankung nicht bekannt sind, insbesondere, ob die Gründe betrieblich bedingt sind.[462] Gemäß § 3 Abs. 1 S. 2 Nr. 3c ASiG ist es gerade Aufgabe des Arztes, die Ursachen der krankheitsbedingten Ausfälle zu untersuchen, die entsprechenden Informationen zu dokumentieren und auszuwerten. Im Folgenden kann er dann dem Arbeitgeber entsprechende Vorschläge unterbreiten, wie die Arbeitsunfähigkeit des Arbeitnehmers durch bestimmte Maßnahmen im BEM-Verfahren auf Dauer verhindert werden kann.[463] Die Vorschläge können dahingehen, dass Änderungen in der Arbeitszeit erfolgen, wie eine Reduzierung der Arbeitszeit aus gesundheitlichen Gründen. Auch kann eine Verlegung der Arbeitszeiten gerade im Schichtbetrieb in Betracht gezogen werden. Zudem ist zu prüfen, ob der Arbeitsplatz selbst oder das Umfeld leidensgerecht gestaltet werden kann. Sofern finanzielle Hilfen zur Umgestaltung erforderlich sind, können diese auch bei den Rehabilitationsträgern beantragt werden.[464]

---

457 Schmidt, S. 40.
458 Aszmons/Lackschewitz in NJW 2006, S. 2070, 2073.
459 Schmidt, S. 40.
460 Aszmons/Lackschewitz in NJW 2006, S. 2070, 2073.
461 Schiefe in RdA 2016, S. 196, 199.
462 Schmidt, S. 39.
463 Schmidt, S. 39.
464 Schmidt, S. 39.

7.4 Integrations- oder BEM-Team

In Betrieben mit entsprechender Personalgröße kann ein ständiges sog. „Integrations-", oder „BEM-Team" eingerichtet werden. Dieses besteht aus den am BEM-Verfahren Beteiligten, wie Mitglieder des Betriebsrats, der Schwerbehindertenvertretung, dem Betriebsarzt sowie Beauftragte des Arbeitgebers nach § 98 SGB IX.[465] Dies hat den Vorteil, dass bei größeren Betrieben mit vielen Arbeitnehmern bereits ein Team gebildet ist, das die Aufgabe zur Durchführung des BEM-Verfahrens unverzüglich aufnimmt und sich bereits besondere Kenntnisse in dem Bereich angeeignet hat. Der Arbeitgeber kann das Team für das BEM-Verfahren zu entsprechenden Schulungen entsenden.[466]

Sofern ein BEM-Team im Betrieb nicht gebildet werden kann, wäre es für den Arbeitgeber sowie für die am Verfahren Beteiligten zu raten, sich an die hier bereits genannten externen Stellen zu wenden, um sich professionellen Rat einzuholen. So stellt das Integrationsamt mit dem Integrationsfachdienst geeignete Ansprechpartner zur Verfügung. Insbesondere können durch die Stellen nicht nur finanzielle Mittel zur Verfügung gestellt werden, wie durch die Krankenkassen oder Berufsgenossenschaften, sondern auch entsprechendes Fachwissen und Rat durch die Mitarbeiter der Stellen auch bei der Arbeitsplatzgestaltung eingeholt werden.[467]

7.5 Integrationsamt und örtliche gemeinsame Servicestellen

Sofern der Arbeitsplatz erhalten werden könnte, wenn der Arbeitnehmer entsprechende Hilfen oder durch Bezug von Leistungen zur Teilhabe erhält, so sind gemäß § 84 Abs. 2 Nr. 4 SGB IX die örtlichen gemeinsamen Servicestellen bzw. bei schwerbehinderten Menschen das Integrationsamt zu beteiligen.[468]

Gemäß § 84 Abs. 2 Nr. 5 SGB IX wirken diese Stellen darauf hin, dass die „erforderlichen Leistungen oder Hilfen unverzüglich beantragt und auch innerhalb der Frist des § 14 Abs. 2 S. 4 SGB IX erbracht werden".

Die gemeinsamen örtlichen Servicestellen der Rehabilitationsträger bieten für behinderte oder von Behinderung bedrohte Menschen gemäß § 22 Abs. 1 S. 2 SGB IX weitere Hilfe. Dies beinhaltet die Beratung und Unterstützung im Arbeitsleben sowie die Information über Verwaltungsabläufe. Diese werden beispielsweise auch tätig bei der „Klärung des Rehabilitations-

---

465 Schmidt, S. 40.
466 Schmidt, S. 40.
467 Schmidt, S. 41.
468 Schmidt, S. 36.

bedarfs, bei der Inanspruchnahme von Leistungen zur Teilhabe, bei der Inanspruchnahme eines persönlichen Budgets und der besonderen Hilfe im Arbeitsleben sowie bei der Erfüllung von Mitwirkungspflichten". Bei einem Rehabilitationsbedarf, welcher voraussichtlich ein Gutachten erfordert, sollen sie den zuständigen Rehabilitationsträger informieren und die „Entscheidung des zuständigen Rehabilitationsträgers in Fällen, in denen die Notwendigkeit von Leistungen zur Teilhabe offenkundig ist, so umfassend vorbereiten, dass dieser unverzüglich entscheiden kann". Auch zählt zu den Aufgaben, gemäß § 22 Abs. 1 S. 2 Nr. 7 SGB IX „zwischen mehreren Rehabilitationsträgern und Beteiligten auch während der Leistungserbringung zu koordinieren und zu vermitteln".

Das Integrationsamt kann in vielfältiger Weise während des Verfahrens auch Hilfen bei einem BEM-Verfahren anbieten. So stehen auch Ansprechpartner gemäß § 102 Abs. 2 S. 7 SGB IX für die Beteiligten zur Verfügung.[469]

7.6 Integrationsfachdienst

Der Integrationsfachdienst kann bei Schwerbehinderten oder gleichgestellten Menschen mit ins Verfahren einbezogen werden. Aufgabe des Integrationsfachdienstes gemäß § 110 SGB IX ist, den betroffenen Personen in ihren Fähigkeiten eine Einschätzung zu geben, und ein „individuelles Fähigkeits-, Leistungs- und Interessenprofil" zu erstellen und den Arbeitgeber davon zu unterrichten bzw. zu unterstützen, um die in Betracht kommenden Maßnahmen umzusetzen.[470]

Gemäß § 110 Abs. 2 Nr. 6, 7, 8 SGB IX ist der Integrationsfachdienst für die Krisenintervention und die psychosoziale Betreuung der Schwerbehinderten bzw. Gleichgestellten genauso zuständig wie für die Beratung des Arbeitgebers, inwiefern dieser Leistungen in Zusammenarbeit mit den Rehabilitationsträgern oder dem Integrationsamt beanspruchen kann und wie diese beantragt werden können.[471]

Gerade im Rahmen des BEM informiert und berät der Integrationsfachdienst als Fachberatung insbesondere Schwerbehinderte und ihnen gleichgestellte Arbeitnehmer und Auszubildende, die Arbeitgeber, welche schwerbehinderte Menschen beschäftigen, sowie Kollegen, Vorgesetzte, Schwerbehindertenvertretung, Betriebsrat und betriebliche Helfer.[472]

---

469 vgl. Schmidt, S. 28.
470 Schmidt, S. 42.
471 Schmidt, S. 42.
472 Schmidt, S. 42.

Die konkreten Leistungen des Integrationsfachdienstes bestehen beispielsweise aus der arbeits-, berufsbegleitenden und psychosozialen Betreuung, dem Training von Arbeitsabläufen und der Unterstützung bei der stufenweisen Wiedereingliederung sowie bei der Beratung in Einzelfällen des betrieblichen Eingliederungsmanagements.[473]

7.7 Weitere Stellen

Der Medizinische Dienst der Krankenkassen kann gemäß § 275 Abs. 1 Nr. 3 i. V. m. Abs. 1a S. 3 SGB V hinzugezogen werden, um Erkenntnis zur Arbeitsunfähigkeit des Mitarbeiters untersuchen zu lassen oder bei Bedarf auch die Berufsgenossenschaften mit einbeziehen, wenn die Anhaltspunkte gegeben sind, dass eine Berufskrankheit vorliegt oder Leistungen der Unfallversicherung für die Wiedereingliederung des Arbeitnehmers beantragt werden sollen.[474]

8. Ausgestaltung des BEM-Verfahrens

Das Verfahren ist zwar als offener Suchprozess ausgestaltet, aber es empfiehlt sich zu Beginn die Art und Weise der Einleitung sowie die Durchführung des Verfahrens zu regeln. Die Interessenvertretungen sollen dabei rechtzeitig mit einbezogen werden.

8.1 Auswahl der in Betracht kommenden Mitarbeiter

Zunächst sind durch den Arbeitgeber die Arbeitnehmer auszusuchen, welche innerhalb eines Jahres länger als 6 Wochen arbeitsunfähig erkrankt waren. Die Namen der betroffenen Arbeitnehmer sind im Rahmen der Unterrichtungspflicht an den Betriebs- bzw. Personalrat weiterzuleiten. Der Arbeitgeber hat dann mit diesen Beschäftigten das BEM durchzuführen.[475]

8.2 Einladung des Arbeitnehmers zum BEM-Gespräch

Die betroffenen Arbeitnehmer sollen sodann durch den Arbeitgeber zu einem BEM-Gespräch eingeladen werden. Dies stellt eine zentrale Anforderung an die ordnungsgemäße Durchführung des BEM-Verfahrens dar.[476]

---

473 Schmidt, S. 42, 43.
474 Schmidt, S. 43.
475 ErfK/Rolfs, § 84 SGB IX, Rn. 5.
476 Kempter/Steinat in: NZA 2015, S. 840, 841.

Der Mindestinhalt der Einladung sollte daher Folgendes nach Kemptner/Steinat beinhalten:[477]
- die Information an den Arbeitnehmer, dass innerhalb der letzten 12 Monate die Arbeitsunfähigkeit von über 6 Wochen vorgelegen hat und dies zum Anlass genommen wird, über die Möglichkeiten des BEM den Arbeitnehmer zu informieren.
- den Hinweis, was ein BEM ist und zu den Zielen des BEM (Suche nach Maßnahmen und Unterstützung, um die Arbeitsunfähigkeit zu überwinden und der erneuten Arbeitsunfähigkeit vorzubeugen).
- Angebot zu einem gemeinsamen Gespräch zur Einleitung des BEM gemäß § 84 Abs. 2 SGB IX, eventuell mit dem Hinweis, welche Personen der Arbeitnehmer an dem Gespräch bereits beteiligen kann.
- Hinweis auf die Freiwilligkeit des Arbeitnehmers an der Teilnahme am BEM.
- Aufklärung des Arbeitnehmers über die Art und den Umfang der zu erhebenden und zu verwendenden Daten im Rahmen des Verfahrens.

Vorliegend empfiehlt sich daher ein standardisiertes Schreiben, in welchem der Arbeitgeber über die Ziele und Möglichkeiten des BEM-Verfahrens aufgeklärt wird.[478]

Dem sollte ein Muster-Antwortschreiben des Arbeitgebers für den Arbeitnehmer beigefügt werden, in welchem der Arbeitnehmer seine Zustimmung oder Ablehnung zum Verfahren erklären kann. Zudem wäre es empfehlenswert, auch eine gesonderte Einwilligungserklärung zu der datenschutzrechtlich relevanten Erhebung und Verarbeitung der Gesundheits- und persönlichen Daten beizufügen.[479]

Es genügt jedoch nicht, wenn der Arbeitnehmer eine Einladung zu einem Gespräch erhält und die Aufklärung erst im Rahmen dieses Erstgesprächs erfolgen soll. Dies entspricht nicht den Mindestanforderungen zur Aufklärung, da der Arbeitnehmer im Vorfeld bereits über die Ziele des BEM und deren Tragweite umfassend zu informieren ist, um zu entscheiden, ob er am Verfahren teilnehmen möchte.[480]

---

[477] Kempter/Steinat in: NZA 2015, S. 840, 841; Raif/Bordet in: ArbRAktuell 2011, S. 400, 401.
[478] Raif/Bordet in: ArbRAktuell 2011, S. 400, 401.
[479] Kempter/Steinat in: NZA 2015, S. 840, 841.
[480] Aszmons/Lackschewitz in: NJW 2006, S. 2070, 2072; Kempter/Steinat in: NZA 2015, S. 840, 841.

Sofern der Arbeitnehmer nach wie vor arbeitsunfähig erkrankt ist und nicht am Gespräch aufgrund der Erkrankung teilnehmen kann, wird teilweise angenommen, dass der Arbeitgeber verpflichtet bleibt und ggf. das BEM aufschieben muss.[481] Da den Arbeitnehmer die Pflicht zur Mitwirkung trifft, so soll er innerhalb einer angemessenen Zeitspanne erklären, ob er am Verfahren bzw. am Gespräch teilnimmt. Unterlässt er eine solche Erklärung, so kann sich dies auch zulasten des Arbeitnehmers auswirken.[482] Reagiert der Arbeitnehmer auf die Aufforderung des Arbeitgebers nicht, so ist anzuraten, den Arbeitnehmer unter angemessener Fristsetzung zu einem zweiten Gespräch einzuladen.[483] Eine solche Vorgehensweise wird dem Arbeitgeber auch angeraten, sofern der Arbeitgeber davon ausgeht, dass der Arbeitnehmer lediglich „krankfeiert". Wenn der Arbeitnehmer nicht tatsächlich erkrankt ist, wird der Arbeitnehmer in der Regel die Teilnahme am BEM ablehnen.[484]

8.3 BEM-Gespräch bzw. Eingliederungsgespräch

An das Erstgespräch schließt sich, ggf. auch unmittelbar, ein Eingliederungsgespräch an. In dessen Rahmen ist zu analysieren, wie sich die Situation des Arbeitnehmers gestaltet und welche Maßnahmen in Betracht kommen und wie die weitere Vorgehensweise festgelegt wird.[485] In diesem Rahmen sollen, sofern noch nicht geschehen, bei Erforderlichkeit die weiteren im Gesetz genannten Stellen hinzugezogen werden.[486]

Das BEM-Verfahren soll klären, welche Beeinträchtigungen bisher bestanden und welche Möglichkeiten beim Arbeitgeber bestehen, diese zu überwinden. Daher sollen im Rahmen des Gesprächs die Krankheitsursachen ermittelt und erörtert werden. Hierzu ist auf mögliche betriebliche Zusammenhänge einzugehen.[487]

Dabei sollte zunächst ein Handlungsplan erstellt werden und entsprechende Maßnahmen zur Überwindung der Arbeitsunfähigkeit in Betracht gezogen werden. Hierzu kommen beispielsweise nach Kempter/Steinat und Raif/Bordet in Betracht:[488]

---

481 Kempter/Steinat in: NZA 2015, S. 840, 842.
482 Kempter/Steinat in: NZA 2015, S. 840, 842; BAG NZA 2014, S. 1015.
483 Kempter/Steinat in: NZA 2015, S. 840, 842.
484 Kempter/Steinat in: NZA 2015, S. 840, 842.
485 Kempter/Steinat in: NZA 2015, S. 840, 843.
486 Kempter/Steinat in: NZA 2015, S. 840, 843.
487 Raif/Bordet in: ArbRAktuell 2011, S. 400, 402.
488 Raif/Bordet in: ArbRAktuell 2011, S. 400, 402; Kempter/Steinat in: NZA 2015, S. 840, 843.

- Einsatz von technischen Hilfsmitteln
- Änderung der Arbeitszeit, des Arbeitsablaufs oder der Arbeitsorganisation oder Arbeitsumgebung, wie Home-Office
- Versetzung auf einen anderen Arbeitsplatz beim Arbeitgeber
- Stufenweise Wiedereingliederung
- Rehabilitationsmaßnahmen
- Weiterqualifizierung
- Einholung eines arbeitsmedizinischen Gutachtens.

Es besteht aber kein Anspruch des Arbeitnehmers auf Freikündigung eines Arbeitsplatzes[489] oder eine Beförderung,[490] um die Arbeitsunfähigkeit zu überwinden.

In diesem Rahmen kann auch eine Gefährdungsbeurteilung erfolgen. Gefährdungen am Arbeitsplatz können beispielsweise die Arbeitsverdichtung sein, wie auch die Beschleunigung, aber auch die Flexibilisierung durch Arbeitszeitmodelle oder Arbeitsunterbrechungen.[491] Ziel der Gefährdungsbeurteilung ist es gemäß §§ 3, 4 ArbSchG, den Arbeitgeber zu verpflichten, dass durch den Arbeitsplatz des Beschäftigten keine Gefährdung für das Leben sowie die physische und psychische Gesundheit entstehen oder möglichst gering gehalten werden.[492]

Bei der Erörterung sollen aber nur von vornherein unvernünftige Vorschläge verworfen werden. Dies ist aber nur dann der Fall, wenn der Vorschlag nicht geeignet ist, das vom Gesetz vorgegebene Ziel zu erreichen oder mit unverhältnismäßigen technischen Mitteln oder Kosten verbunden ist.[493] Es ist aber auch Sache des Arbeitnehmers, sinnvolle Lösungsmöglichkeiten einzubringen und seine Wiedereingliederung voranzutreiben. Der Arbeitnehmer soll daher auch mitteilen, wie er sich seine Beschäftigungsmöglichkeiten in Zukunft beim Arbeitgeber unter Einbeziehung seiner gesundheitlichen Beeinträchtigungen vorstellt. So ist es seine Aufgabe, auch in eigener Initiative tätig zu werden.[494]

---

489 LAG Thüringen vom 15.11.2012 – 3 Sa 71/12.
490 BAG 30.09.2010 – 2 AZR 88/09, NZA 2011, S. 39.
491 Balikcioglu in: NZA 2015, S. 1424, 1426.
492 Balikcioglu in: NZA 2015, S. 1424, 1425.
493 Raif/Bordet in: ArbRAktuell 2011, S. 400, 402.
494 Rose/Ghorai in: BB 2011, S. 949, 952.

8.4 Sondierungs-/Abschlussgespräch

Nach Erörterung und Durchführung der Maßnahmen bietet sich ein sog. Sondierungsgespräch bzw. Abschlussgespräch an. In diesem sollen die Maßnahmen erörtert und bewertet werden. Hier ist darauf einzugehen, wie sich die Umsetzung gestaltet oder weitere Maßnahmen noch in Betracht kommen und welche zu verwerfen sind.[495]

Es ist dem Arbeitgeber anzuraten, sämtliche Vorgänge, welche im Zusammenhang mit der Durchführung des BEM-Verfahrens stehen, lückenlos von der Einleitung bis zum Abschluss schriftlich zu dokumentieren und entsprechende Protokolle durch die Beteiligten unterzeichnen zu lassen.[496]

8.5 Ergebnis des Verfahrens

Das Verfahren kann unterschiedlich enden. So kommen mehrere Möglichkeiten der Beendigung nach Kempter/Steinat in Betracht:[497]

- Das Verfahren kann enden, wenn der Arbeitnehmer nicht auf die ordnungsgemäße Einladung des Arbeitgebers reagiert und auch nicht auf die Erinnerung des Arbeitgebers unter Fristsetzung.
- Der Arbeitnehmer ist aufgrund der arbeitsunfähigen Erkrankung nicht in der Lage, überhaupt am BEM-Verfahren teilzunehmen.
- Der Arbeitnehmer lehnt die Durchführung des BEM-Verfahrens nach ordnungsgemäßer Einladung und Aufklärung ab. Der Arbeitnehmer lehnt bereits das Erstgespräch oder darauf das Erörterungsgespräch ab oder lehnt die Umsetzung konkreter Maßnahmen ab.
- Der Arbeitnehmer bricht die Maßnahme ab und wirkt auch im eigenen Interesse nicht am Verfahren wie notwendig mit.
- Der Arbeitnehmer widerruft im BEM-Verfahren seine Zustimmung zur Durchführung.
- Das BEM-Verfahren endet ergebnislos, wenn sich keine mögliche umsetzbare Maßnahme im Betrieb findet.

Wenn sich im BEM-Verfahren Lösungsmöglichkeiten erarbeiten lassen, so ist der Arbeitgeber auch grundsätzlich verpflichtet, diese auszuschöpfen und die Maßnahmen, sofern keine Mitwirkung des Arbeitnehmers erforderlich ist, umzusetzen. Dies entspricht dem Willen des Gesetzgebers im Rahmen

---

495 Kempter/Steinat in: NZA 2015, S. 840, 843.
496 Kempter/Steinat in: NZA 2015, S. 840, 843.
497 Kempter/Steinat in: NZA 2015, S. 840, 844.

des BEM, die Möglichkeiten zur Erhaltung des Arbeitsplatzes gerade vor Ausspruch der Kündigung zu nutzen.[498]

8.6 Mitwirkungspflicht des Arbeitnehmers

Ist der Arbeitgeber auf die Mitwirkung des Arbeitnehmers angewiesen, um die Arbeitsfähigkeit des Arbeitnehmers wiederherzustellen, so muss der Arbeitgeber diesen unter Fristsetzung hierzu auffordern, wenn eine entsprechende Einwilligung und Initiative des Arbeitnehmers hierzu erforderlich ist.[499] In diesem Fall muss er den Arbeitnehmer auch deutlich darauf hinweisen, dass er im Fall der Weigerung auch mit der Kündigung des Arbeitsverhältnisses zu rechnen hat.[500]

Manchmal sind auch Arbeitnehmer nicht aus Gründen erkrankt, dessen Ursachen im Betrieb und in der Tätigkeit zu suchen sind. Die Arbeitsunfähigkeit steht nicht im Zusammenhang mit der ausgeübten Tätigkeit bzw. dem Arbeitsplatz. Die Ursachen können in der privaten Sphäre des Arbeitnehmers begründet sein oder in dessen Lebensweise.[501] Allein die Tatsache, dass andere Gründe als der unmittelbare Zusammenhang mit dem Arbeitsplatz für die Arbeitsunfähigkeit verantwortlich sind, macht das BEM-Verfahren selbst nicht gänzlich entbehrlich. Die Durchführung des BEM kann gerade dazu dienen, die Ursachen der Erkrankung aufzuklären und hier versuchen eine Abhilfe zu schaffen.[502] Es darf nicht sofort verneint werden, dass ein BEM in einem solchen Fall auch nicht helfen würde.[503] Sofern sich herausstellt, dass der Arbeitnehmer durch die Veränderung seiner privaten Lebensweise seine Fehlzeiten verringern kann, so muss der Arbeitnehmer auch das erarbeitete Konzept umsetzen.[504]

Wenn eine Rehabilitationsmaßnahme benötigt wird, um die Arbeitsfähigkeit des Arbeitnehmers wiederherzustellen, so muss der Arbeitgeber den Arbeitnehmer unter Fristsetzung hierzu auffordern.[505] In diesem Fall muss er den Arbeitnehmer auch deutlich darauf hinweisen, dass er im Fall der Weigerung auch mit der Kündigung des Arbeitsverhältnisses zu rechnen hat.[506] Wenn der Arbeitnehmer unter den Voraussetzungen der ordnungs-

---
498 BAG 10.12.2009 – 2 AZR 198/09, NZA 2010, S. 639.
499 Dörner/Vossen in: APS, § 1 KSchG, Rn. 197a.
500 Dörner/Vossen in: APS, § 1 KSchG, Rn. 197a.
501 Schmidt, S. 47.
502 Schmidt, S. 47.
503 LAG Hessen 03.06.2013 – 21 Sa 1456/12.
504 Schmidt, S. 47, 48.
505 Dörner/Vossen in: APS, § 1 KSchG, Rn. 197a.
506 Dörner/Vossen in: APS, § 1 KSchG, Rn. 197a.

gemäßen Aufforderung ablehnt, so braucht der Arbeitgeber diese Maßnahme dann nicht mehr als milderes Mittel vor Ausspruch der Kündigung erneut zu berücksichtigen.[507]

Insofern besteht die beiderseitige Verpflichtung, Erkenntnisse aus dem BEM-Verfahren umzusetzen. Hierfür wird auch im Verfahren ein entsprechendes Konzept erarbeitet und auch im Normalfall festgelegt, was zu tun ist, um künftig Fehlzeiten zu vermeiden. Auch der Arbeitnehmer muss dann tätig werden und seine Lebensgewohnheiten und -umstände so verändern, dass er das erarbeitete Konzept auch umsetzt und seiner eigenen Arbeitsunfähigkeit entgegenwirkt.[508]

9. Auswirkungen des BEM auf krankheitsbedingte Kündigung bzw. das Verfahren im Rahmen des Kündigungsschutzprozesses

Für die Parteien stellt sich die Frage, sofern der Arbeitnehmer über einen längeren Zeitraum erkrankt war, inwiefern das BEM-Verfahren vor Ausspruch einer Kündigung durchzuführen ist. In diesem Zusammenhang ist auch zu erörtern, welche Rechtsfolgen an die fehlerhaft durchgeführte oder gar mangelnde Durchführung des BEM-Verfahrens anknüpfen.

Durch das BEM-Verfahren soll grundsätzlich ein milderes Mittel als die Kündigung ermittelt werden, sodass eine Weiterbeschäftigung entweder durch das Ausschalten krankmachender Faktoren oder der Beschäftigung auf einem anderen Arbeitsplatz infrage kommt.[509]

9.1 BEM-Verfahren als Wirksamkeitsvoraussetzung für die Kündigung

Es gibt Bestrebungen in der Literatur, die Durchführung des BEM als formelle Wirksamkeitsvoraussetzung vor Ausspruch der Kündigung anzusehen. Dies wird damit begründet, dass die krankheitsbedingte Kündigung aufgrund fehlender Ausschöpfung der milderen Mittel als sozial nicht gerechtfertigt im Sinne des § 1 Abs. 2 KSchG angesehen wird.[510] Teilweise gehen die Ansichten sogar so weit, dass die Kündigung unwirksam sein soll, sofern bereits die erforderliche Betriebsratsbeteiligung am BEM-Verfahren unterblieben ist.[511] Auch wird vertreten, dass das Integrationsamt das Ver-

---

507 BAG 10.12.2009 – 2 AZR 198/09, NZA 2010, S. 639.
508 BAG 10.12.2009 – 2 AZR 400/08, NZA 2010, S. 398.
509 Dörner/Vossen in: APS, § 1 KSchG, Rn. 197a; LAG Köln 26.10.2009, BB 2010, S. 372.
510 Düwell in: BB 2000, S. 2570, 2573; ErfK/Rolfs, § 84 SGB IX, Rn. 10.
511 ErfK/Rolfs, § 84 SGB IX, Rn. 10; ArbG Marburg 11.04.2008, DB 2008, S. 994.

fahren auf Erteilung der Zustimmung auszusetzen habe, wenn der Arbeitgeber nicht gegenüber dem Integrationsamt ausreichend dargelegt hat, inwiefern er die präventiven Maßnahmen im Rahmen des § 84 SGB IX im Einzelnen durchgeführt hat.[512]

Grundsätzlich ist die Durchführung eines betrieblichen Eingliederungsmanagements nach der Rechtsprechung zwar keine vollkommen sanktionslose Norm, aber sie ist keine formelle Voraussetzung für die Wirksamkeit einer krankheitsbedingten Kündigung, insbesondere auch nicht hinsichtlich des Arbeitsverhältnisses eines schwerbehinderten Arbeitnehmers.[513] Dieses betriebliche Eingliederungsmanagement selbst stellt kein „milderes Mittel" zur Kündigung dar.[514]

Aus § 84 Abs. 1 SGB IX folgt, dass das Unterlassen des Präventionsverfahrens nur dann kündigungsrechtliche Folgen haben kann, wenn das KSchG auch Anwendung findet und ein nach § 1 Abs. 2 S. 1 KSchG Kündigungsgrund vorliegt. Insofern soll dies auch entsprechend für das BEM nach § 84 Abs. 2 SGB IX gelten.[515] Dies bedeutet, dass in den ersten sechs Monaten sowie im Kleinbetrieb die Durchführung des BEM unerheblich ist.[516]

Nach anderer Ansicht[517] aber setzt § 84 Abs. 2 SGB IX nicht voraus, dass der Anwendungsbereich des KSchG auch eröffnet ist. Daher soll das BEM auch im Kleinbetrieb und in der Wartezeit stattfinden. Allerdings soll dann das Unterlassen des BEM nicht zwingend auch kündigungsrechtliche Relevanz besitzen. Hier sollte selbst nach § 84 Abs. 1 SGB IX bei Schwerbehinderten oder ihnen Gleichgestellten, unabhängig von der Anwendbarkeit des KSchG (d.h. in Kleinbetrieben und während der 6-monatigen Probezeit), eine Prävention durchgeführt werden.[518] Die Durchführung des BEM innerhalb der Wartezeit überzeugt jedoch nicht immer, da die Voraussetzung der 6-wöchigen Erkrankung zur Durchführung des BEM-Verfahrens gemäß § 84 Abs. 2 SGB IX „innerhalb eines Jahres" noch nicht erfüllt sein kann.[519]

Jedoch ist das BEM nach der gesetzlichen Regelung durchaus zu berücksichtigen, da hiermit der Verhältnismäßigkeitsgrundsatz konkretisiert

---

512 ErfK/Rolfs, § 84 SGB IX, Rn. 10.
513 BAG 28.06.2007, NZA 2007, S. 1049; ErfK/Rolfs, § 84 SGB IX, Rn. 10,11; Thies in: HWK, § 84, Rn. 19.
514 BAG 12.07.2007, NZA 2008, S. 173; BAG 10.12.2009, NZA 2010, S. 639; ErfK/Rolfs, § 84 SGB IX, Rn. 11.
515 Thies in: HWK, § 84 SGB IX, Rn. 19.
516 BAG 28.06.2007, AP BGB § 307 Nr. 27; BAG 24.01.2008, NZA-RR 2008, S. 404.
517 Kerwer in: BDDH, § 1 KSchG, Rn. 445; Düwell in: DDJ, § 84 SGB IX, Rn. 55.
518 ErfK/Rolfs, § 84 SGB IX, Rn. 1.
519 Kempter/Steinat in: NZA 2015, S. 840.

wird.[520] Grund ist, dass mildere Mittel, wie die Umgestaltung des Arbeitsplatzes oder die Weiterbeschäftigung zu geänderten Bedingungen auf einem anderen Arbeitsplatz, in Betracht kommen können, um die dauerhafte Fortsetzung des Arbeitsverhältnisses zu fördern.[521] Daher beeinflusst die Verletzung der Pflicht aus § 84 Abs. 2 SGB IX bzw. Nichtdurchführung des Betrieblichen Eingliederungsmanagements die Darlegungs- und Beweislast des Arbeitgebers.[522]

Hierauf wird im folgenden Kapitel eingegangen.

9.2 Verhältnismäßigkeitsprinzip und Ultima-Ratio-Grundsatz

Sofern das BEM-Verfahren durchgeführt, aber das Arbeitsverhältnis dennoch gekündigt wird, so prüft die Rechtsprechung des BAG dreistufig: 1. Stufe: Negative Gesundheitsprognose, 2. Stufe: Erhebliche Beeinträchtigung betrieblicher Interessen, 3. Stufe: Interessenabwägung.[523] Im Rahmen der Interessenabwägung ist dann die ordnungsgemäße Durchführung des BEM zu prüfen. Hier ist darauf einzugehen, ob die Kündigung durch ein milderes Mittel hätte verhindert werden können.[524]

Es handelt sich aber nicht nur um einen Programmsatz, sondern hierbei handelt es sich um die Ausprägung des das gesamte Kündigungsschutzrecht beherrschenden Verhältnismäßigkeitsgrundsatzes.[525] Daher wird überwiegend die Auffassung vertreten, dass eine Kündigung ohne die Durchführung des BEM nach dem Grundsatz der „ultima ratio" als sozialwidrig anzusehen ist.[526]

Die Verhältnismäßigkeit, die in der Interessenabwägung geprüft wird, ist verletzt, wenn ein BEM-Verfahren nicht durchgeführt wurde und nicht ausgeschlossen werden kann, dass ein milderes Mittel als die Kündigung zur Verfügung stand. Dies kann zulasten des Arbeitgebers im Kündigungsschutzprozess gehen.[527]

---

520 Thies in: HWK, § 1 KSchG, Rn. 137a; Thies in: HWK, § 84 SGB IX, Rn. 20; BAG 10.12.2009 – 2 AZR 400/08, NZA 2010, S. 398; BAG 30.09.2010 2 AZR 88/09, NZA 201139, 42.
521 BAG 10.12.2009, NZA 2010, S. 398; Thies in: HWK, § 84 SGB IX, Rn. 20.
522 ErfK/Rolfs, § 84 SGB IX, Rn. 11.
523 Kempter/Steinat in: NZA 2015, S. 840; BAGE 135, 361, NZA 2011, S. 39.
524 Kempter/Steinat in: NZA 2015, S. 840; BAG 10.12.2009 – 2 AZR 400/08, NZA 2010, S. 398.
525 Dörner/Vossen in: APS, § 1 KSchG, Rn. 197.
526 Gagel in: NZA 2001, S. 988; Welti in NZS 2006, S. 623, 626; Düwell in: DDJ, SGB IX, § 84, Rn. 107.
527 BAG 07.12.2006 – 2 AZR 182/06, NZA 2007, S. 617.

Aus zeitlicher Sicht soll der Arbeitgeber nicht zunächst das BEM-Verfahren einleiten, aber erst lange Zeit danach (Monate später) ein BEM-Gespräch durchführen und ein Jahr später dann die Kündigung aussprechen. In einem solchen Fall erscheint nach einer Ansicht die Kündigung nicht mehr verhältnismäßig, da vorher nochmals die Möglichkeiten zu erörtern sind, um möglichst das Arbeitsverhältnis weiterhin zu erhalten.[528] Nach anderer Ansicht soll, sofern ein ordnungsgemäßes BEM-Verfahren durchgeführt wurde, daraufhin auch Maßnahmen ergriffen wurden, aber der Arbeitnehmer dennoch weiterhin die Fehlzeiten aufweist, daher kein erneutes BEM-Verfahren durchgeführt werden.[529] Allerdings können sich in einem Jahr durchaus die Umstände ändern mit der Folge, dass ein geändertes Krankheitsbild vorliegen kann oder die Umstände im Betrieb, in der Tätigkeit oder im Ablauf nicht mehr identisch sind. Der Arbeitgeber hat daher vor Ausspruch der Kündigung zwingend zu prüfen, ob die Voraussetzungen für den Ausspruch einer Kündigung noch gegeben sind und ggf. ein, zumindest vorsorgliches, weiteres BEM-Verfahren durchzuführen.[530]

Nach dem Grundsatz der „ultima ratio" ist daher die Kündigung als letztes Mittel nur dann erforderlich, sofern nicht mildere Maßnahmen greifen. Daher ist gerade zu prüfen, ob nicht andere, mildere Mittel in Betracht kommen, um eine Kündigung zu vermeiden.[531] Wie bereits oben ausgeführt, ist die Durchführung des BEM selbst kein milderes Mittel. Es dient jedoch zur Feststellung von möglichen Maßnahmen, durch welche eine krankheitsbedingte Kündigung vermieden werden kann.[532] Sofern eine Weiterbeschäftigung auf einem anderen freien Arbeitsplatz oder die leidensgerechte Umgestaltung auf dem bisherigen Arbeitsplatz in Betracht kommt oder ggf. eine Änderung der Arbeitsbedingungen, so wäre dann kein Raum mehr für den Ausspruch der krankheitsbedingten Kündigung. Um diese Möglichkeiten erörtern und finden zu können, bedarf es daher grundsätzlich eines BEM-Verfahrens.[533]

9.3 Darlegungs- und Beweislast der Parteien

Die vorherige Durchführung des BEM-Verfahrens ist zwar keine Wirksamkeitsvoraussetzung für den Ausspruch einer Kündigung des Arbeitnehmers,

---

528 Fritsche/Fähnle in: BB 2013, S. 3001, 3002; LAG Hamm 27.01.2012 – 13 Sa 1493/11; Schmidt, S. 11.
529 Kempter/Steinat in: NZA 2015, S. 840, 842.
530 Kempter/Steinat in: NZA 2015, S. 840, 842.
531 Schmidt, S. 46, Rn. 92; BAG 30.09.2010 – 2 AZR 88/09, NZA 2011, S. 39, 40.
532 BAG 28.06.2007 – 6 AZR 750/06, NZA 2007, S. 1049, 1053; BAG 12.07.2007 – 2 AZR 716/06, NZA 2008, S. 173, 176.
533 BAG 10.12.2009 – 2 AZR 400/08, NZA 2010, S. 398, 399, Rn. 18; BAG 10.12.2009 – 2 AZR 198/09, NZA 2010, S. 639, 640.

aber wenn der Arbeitgeber dieses nicht durchführt, so trifft ihn dennoch die mittlerweile verschärfte Darlegungs- und Beweislast, sofern er eine personenbedingte Kündigung aus Gründen der Erkrankung des Arbeitnehmers ausspricht.[534] Gerade wenn dieses Verfahren unterlassen wurde, so ist das Unterlassen des betrieblichen Eingliederungsmanagements als Verstoß gegen den Verhältnismäßigkeitsgrundsatz im Rahmen der Interessenabwägung entsprechend zu berücksichtigen, sodass dies zulasten des Arbeitgebers im Kündigungsschutzprozess gehen kann.[535]

Da dem Arbeitgeber aufgrund dieses Grundsatzes der Beweis nur sehr schwer zu gelingen ist, dass selbst bei ordnungsgemäßer Durchführung des BEM-Verfahrens dennoch die krankheitsbedingte Kündigung ausgesprochen worden wäre, ist dem Arbeitgeber anzuraten, dieses Verfahren bei Vorliegen der gesetzlichen Voraussetzungen vor Ausspruch einer Kündigung durchzuführen.

Gerade im Geltungsbereich des KSchG hat dies Folgen für die Darlegungs- und Beweislast des Arbeitgebers bei den betrieblichen Auswirkungen von erheblichen Fehlzeiten des Arbeitnehmers.[536]

Vorliegend kommt es darauf an, ob der Arbeitgeber das BEM-Verfahren ordnungsgemäß durchgeführt hat oder nicht bzw. auch auf das Ergebnis des BEM-Verfahrens.

a.) BEM fehlerhaft oder gar nicht durchgeführt

Wenn der Arbeitgeber gar kein BEM-Verfahren durchgeführt hat oder dieses nur sehr unzureichend und damit auch fehlerhaft erfolgt ist, so sollen ihm hinsichtlich der Darlegungs- und Beweislast keine Vorteile erwachsen.[537] Das Verfahren ist fehlerhaft, wenn die Einleitung nicht ordnungsgemäß erfolgt war und der Arbeitgeber nicht die Mindestanforderungen nach der gesetzlichen Regelung beachtet hat, wie auf die Ziele des BEM hinzuweisen sowie auf die Art und den Umfang der zu erhebenden und verarbeitenden Gesundheitsdaten.[538]

Der Arbeitgeber muss daher beweisen, dass die Durchführung des BEM entbehrlich war oder das Verfahren in keiner Weise dazu geeignet gewesen wäre, den erneuten Krankheitszeiten des Arbeitnehmers vorzubeugen, um den Arbeitsplatz letztendlich weiter zu erhalten. Der Arbeitgeber hat daher alle denkbaren und vorgetragenen genannten Alternativen zu

---

534 BAG 07.12.2006 – 2 AZR 182/06, NZA 2007, S. 617.
535 BAG 07.12.2006 – 2 AZR 182/06, NZA 2007, S. 617.
536 ErfK/Rolfs, § 84 SGB IX, Rn. 11.
537 Thies in: HWK, § 84 SGB IX, Rn. 22.
538 Kempter/Steinat in: NZA 2015, S. 840, 844; BAG 24.03.2011 – 2 AZR 170/10, NZA 2011, S. 992.

würdigen und im Falle des gerichtlichen Verfahrens dem Gericht gegenüber umfassend und konkret dazulegen, aus welchen Gründen weder eine Umsetzung der Alternativen in Form der Anpassung des bisherigen Arbeitsplatzes unter zuträglichen Arbeitsbedingungen als auch die Weiterbeschäftigung auf einem anderen leidensgerechten Arbeitsplatz unter keinen Gesichtspunkten infrage gekommen ist.[539] Dies bedeutet, dass für den Arbeitgeber das Unterlassen eines BEM-Verfahrens nur dann unschädlich ist und die krankheitsbedingte Kündigung nicht verhindern kann, sofern das BEM-Verfahren für die Gesundheitsbeeinträchtigungen ohnehin keinen Erfolg gebracht hätte und die personenbedingte Kündigung auch entsprechend nicht habe verhindern können.[540] Dies ist beispielsweise dann der Fall, wenn die Wiederherstellung der Arbeitsfähigkeit völlig ungewiss erscheint.[541]

Daher genügt kein pauschaler Vortrag seitens des Arbeitgebers, dass ihm keine alternativen, der Erkrankung angemessenen Beschäftigungsmöglichkeiten im Betrieb bekannt seien und/oder keine anderweitigen freien Stellen zur Verfügung stünden.[542]

Der Arbeitgeber wird auch nicht von der Verpflichtung zur ordnungsgemäßen Durchführung des BEM dann entbunden, wenn die Zustimmung des Integrationsamts zur Kündigung erteilt wurde, wenn dem Verwaltungsverfahren nicht zu entnehmen ist, dass die Prüfungen im Verfahren ergebnislos durchgeführt worden sind.[543]

Kommt der Arbeitgeber seiner Darlegungs- und Beweislast entsprechend substantiiert nach, so muss dann der Arbeitnehmer sich auf den Vortrag des Arbeitgebers wiederum substantiiert einlassen und gegenüber dem Gericht darlegen, wie er sich eine leidensgerechte Weiterbeschäftigung beim Arbeitgeber vorstellt.[544]

b.) BEM ordnungsgemäß durchgeführt

Sofern das BEM-Verfahren durch den Arbeitgeber ordnungsgemäß durchgeführt wurde, ist der Arbeitgeber seiner Verpflichtung nach Abs. 2

---

539 BAG 10.12.2009 – 2 AZR 400/08, NZA 2010, S. 398, 399; BAG 30.09.2010 – 2 AZR 88/09, NZA 2011, S. 39, 42; BAG 10.12.2009 – 2 AZR 198/09, NZA 2010, S. 639, 640; ErfK/Rolfs, § 84 SGB IX, Rn. 11; Thies in: HWK, § 84 SGB IX, Rn. 22.
540 BAG 10.12.2009 – 2 AZR 400/08, NZA 2010, S. 398, 399; BAG 30.09.2010 – 2 AZR 88/09, NZA 2011, S. 39, 42, Rn. 36.
541 Düwell in: DDJ, SGB IX, § 84, Rn. 107; LAG Hamm 29.03.2006 – 18 Sa 2104/05.
542 ErfK/Rolfs, § 84 SGB IX, Rn. 11.
543 BAG 20.11.2014 – 2 AZR 664/13, NZA 2015, S. 931; Thies in: HWK, § 84 SGB IX, Rn. 22.
544 Thies in: HWK, § 84 SGB IX, Rn. 22.

nachgekommen. Dies hat ebenfalls bestimmte Auswirkungen auf die Darlegungs- und Beweislast.[545]
Gleiches gilt auch, wenn der Arbeitnehmer nach ordnungsgemäßer Unterrichtung durch den Arbeitgeber der Durchführung des BEM-Verfahrens widersprochen hat und dieses nicht durchgeführt wurde. Daher kann sich der Arbeitnehmer im gerichtlichen Prozess nicht darauf berufen, dass bei Durchführung des BEM die Kündigung nicht in Betracht gekommen wäre.[546]
Sofern der Arbeitgeber das BEM-Verfahren nun ordnungsgemäß durchgeführt hat, kommt es für den weiteren Verlauf darauf an, was letztendlich Ergebnis dieses Verfahrens gewesen ist.

aa) BEM endet mit einem positiven Ergebnis

Wenn das BEM zu einem positiven Ergebnis geführt hat und es eine Weiterbeschäftigungsmöglichkeit gibt, so ist der Arbeitgeber verpflichtet, die im ordnungsgemäß durchgeführten BEM erzielten Ergebnisse als milderes Mittel auch umzusetzen, soweit ihm dies möglich ist und in seiner Macht steht.[547] Dies ist auch bei der stufenweisen Wiedereingliederung bei bestehender Arbeitsunfähigkeit zu beachten.[548] Hierzu hat er ihm bekannt gewordene Erkenntnisse aus einer Gefährdungsbeurteilung nach § 5 ArbSchG umzusetzen, wie auch vorgeschlagene Maßnahmen als milderes Mittel, bevor eine krankheitsbedingte Kündigung ausgesprochen wird.[549]

Wenn der Arbeitgeber dennoch das Arbeitsverhältnis kündigt, ohne die Maßnahme konkret umgesetzt zu haben, muss er im Prozess im Einzelnen darlegen, warum trotz der eindeutigen Empfehlung die Maßnahme letztendlich undurchführbar gewesen ist.[550] Dies verlangt grundsätzlich vom Arbeitgeber, dass keine Beschäftigungsmöglichkeit mehr auf dem bisherigen Arbeitsplatz gegeben, auch keine leidensgerechte Umgestaltung in Betracht gekommen und auch kein anderer Arbeitsplatz mit eventuell anderem Tätigkeitsbereich vorhanden gewesen ist. Kann der Arbeitgeber dies nicht im Einzelnen vortragen, so führt dies zur Sozialwidrigkeit der Kündigung.[551] Im

---

545 Dörner/Vossen in: APS, § 1 KSchG, Rn. 197f; Thies in: HWK, § 84 SGB IX, Rn. 23; BAG 10.12.2009 – 2 AZR 400/08, NZA 2010, S. 398.
546 Thies in: HWK, § 84 SGB IX, Rn. 23.
547 ErfK/Rolfs, § 84 SGB IX, Rn. 8.
548 Thies in: HWK, § 84 SGB IX, Rn. 25.
549 Thies in: HWK, § 84 SGB IX, Rn. 21.
550 Thies in: HWK, § 84 SGB IX, Rn. 25; BAG 10.12.2009 – 2 AZR 400/08, NZA 2010, S. 398.
551 Deinert in: NZA 2010, S. 969, 973.

Falle der Umsetzung muss er darlegen, warum es nicht zu einer Vermeidung oder Reduzierung der Fehlzeiten durch Arbeitsunfähigkeit kam.[552] Dem Vortrag kann grundsätzlich der Arbeitnehmer mit einfachem Bestreiten entgegentreten.[553]

bb) BEM endet mit einem negativen Ergebnis

Sofern das BEM-Verfahren zu einem negativen Ergebnis gelangt und zu der Erkenntnis führt, dass der Arbeitnehmer nicht weiter beschäftigt werden kann, so genügt der Arbeitgeber seiner Darlegungs- und Beweislast, wenn er darauf hinweist, dass keine alternativen Beschäftigungsmöglichkeiten bestünden.[554] Der nun darlegungspflichtige Arbeitnehmer genügt seiner Beweislast dann nicht, wenn er nur vorträgt, dass im Verfahren alternative Möglichkeiten erörtert, aber wieder verworfen wurden und nicht behandelte Alternativen während des Verfahrens durch den Arbeitgeber nicht vorgebracht wurden. Diese wären während des Verfahrens entsprechend den Beteiligten gegenüber zu äußern gewesen.[555] Er muss vielmehr sich substantiiert einlassen und entsprechend darlegen, inwiefern er weiterhin Tätigkeiten bei dem Arbeitgeber verrichten kann, insbesondere wie er sich eine Beschäftigung vorstellt, welche seinen Leiden entspricht.[556] Es kann durch den Arbeitnehmer daher nur auf Alternativen verwiesen werden, welche ihm erst nach Abschluss des BEM-Verfahrens bis zur Kündigung bekannt geworden sind.[557]

Wenn der Arbeitnehmer nun nicht in die Durchführung des BEM einwilligt, so trägt der Arbeitgeber die Beweislast, dass er diesen zuvor über die Ziele des BEM aufgeklärt und auf den Umfang und die Verwendung der Gesundheitsdaten hingewiesen hat.[558] Dem Arbeitnehmer soll gerade die Entscheidung überlassen bleiben, ob er dem Verfahren zustimmt oder nicht.[559] Bei Ablehnung des Arbeitnehmers nach ordnungsgemäßer Aufklärung ist sein Verhalten grundsätzlich als „kündigungsneutral" zu betrachten. Dies bedeutet, dass den Arbeitnehmer keine kündigungsrelevanten Konsequenzen tref-

---

552 BAG 10.12.2009 – 2 AZR 400/08, NZA 2010, S. 398.
553 Thies in: HWK, § 84 SGB IX, Rn. 25.
554 Baumeister/Richter in: ZfA 2010, S. 3; Dörner/Vossen in: APS, § 1 KSchG, Rn. 197 f.
555 ErfK/Rolfs, § 84 SGB IX, Rn. 9.
556 BAG 10.12.2009, NZA 2010, S. 398.
557 Kerwer in: BDDH, § 1 KSchG, Rn. 449; Thies in: HWK, § 84 SGB IX, Rn. 24; BAG 10.12.2009, NZA 2010, S. 398.
558 Dörner/Vossen in: APS, § 1 KSchG, Rn. 197 e.
559 Dörner/Vossen in: APS, § 1 KSchG, Rn. 197 e.

fen[560] und dem Arbeitgeber nach wie vor die Beweislastpflicht obliegt.[561] Sofern der Beschäftigte sich dann aber an der Teilnahme unter diesen Bedingungen verweigert, so soll im Rahmen der Interessenabwägung dies zugunsten des Arbeitgebers Berücksichtigung finden.[562]

Wenn es zur Umsetzung der Maßnahme der Initiative des Arbeitnehmers bedarf oder gar dessen Einwilligung, so ist es Aufgabe des Arbeitgebers, den Arbeitnehmer entsprechend hierzu aufzufordern. Wenn der Arbeitnehmer seiner Mitwirkungspflicht nicht gerecht wird oder die Mitwirkung bei der Ergebnisumsetzung sogar ablehnt, so ist der Arbeitnehmer durch den Arbeitgeber ausdrücklich schriftlich darauf hinzuweisen, dass, wenn der Arbeitnehmer seiner Mitwirkungspflicht nicht nachkommt und er sich weiterhin weigert, er mit dem Ausspruch der personenbedingten Kündigung zu rechnen hat.[563] Wenn der Arbeitnehmer unter den Voraussetzungen der ordnungsgemäßen Aufforderung ablehnt, so braucht der Arbeitgeber diese Maßnahme dann nicht mehr als milderes Mittel vor Ausspruch der Kündigung erneut zu berücksichtigen.[564]

Auch der Arbeitnehmer ist daher verpflichtet tätig zu werden und seine Lebensgewohnheiten und -umstände so verändern, dass er das erarbeitete Konzept auch umsetzt und seiner eigenen Arbeitsunfähigkeit entgegenwirkt.[565] Dies bedeutet im Umkehrschluss, dass, sofern der Arbeitnehmer sich nicht an das erarbeitete Konzept hält, die Maßnahmen zur Förderung seiner Erkrankung nicht umsetzt und auch weiterhin hohe krankheitsbedingte Fehlzeiten hat, er sich im Fall der Kündigung nicht darauf berufen kann, dass mildere Mittel als die Kündigung vorhanden seien.[566]

Daher ist dem Arbeitgeber zu raten, das BEM-Verfahren entsprechend ernst zu nehmen und dieses ordnungsgemäß durchzuführen. Erst dann kann er, sofern keine Weiterbeschäftigung in Betracht kommt, die krankheitsbedingte Kündigung aussprechen. Hier kommen ihm im Kündigungsschutzprozess wesentliche Beweiserleichterungen zugute, da dann der Arbeitnehmer die tatsächlich vorhandenen neuen Beschäftigungsmöglichkeiten, welche er auch tatsächlich dann ausüben können muss, beweisen muss. Wird der Arbeitgeber seiner Pflicht im Verfahren nicht gerecht, so

---

560 Kerwer in: BDDH, § 1 KSchG, Rn. 447.
561 BAG 24.03.2011 – 2 AZR 170/10, NZA 2011, S. 992.
562 Kempter/Steinat in: NZA 2015, S. 840, 842.
563 Thies in: HWK, § 84 SGB IX, Rn. 21; BAG vom 10.12.2009 – 2 AZR 400/08, NZA 2010, S. 398.
564 Dörner/Vossen in: APS, § 1 KSchG, Rn. 197a.
565 BAG 10.12.2009 – 2 AZR 400/08, NZA 2010, S. 398.
566 Schmidt, S. 48.

hat er erhebliche Schwierigkeiten, den Kündigungsschutzprozess zu gewinnen.[567]

10. Auswirkung des BEM auf das Zustimmungsverfahren vor dem Integrationsamt

Wenn der erkrankte Arbeitnehmer schwerbehindert oder einem solchen gleichgestellt ist, so muss vor Ausspruch der Kündigung die Zustimmung des Integrationsamts gemäß § 85 SGB IX eingeholt werden.

Das Integrationsamt entscheidet über die Kündigungsgründe und insbesondere, ob diese mit der Schwerbehinderung in Zusammenhang stehen.[568]

Hierfür sind dem Integrationsamt die Kündigungsgründe vorzutragen. Sofern das Integrationsamt der Kündigung zustimmt bzw. die Zustimmung nicht verweigert, so hat dies eine Wirkung dahingehend, dass die Kündigung nicht als willkürlich betrachtet werden kann.[569] Das BAG geht in einem solchen Fall davon aus, dass kein milderes Mittel als die Kündigung gegeben war.[570] Das Integrationsamt kann allerdings unter der Zugrundelegung der vom BAG aufgezeigten Konsequenzen die Zustimmung verweigern. So kann es aber auch das Verfahren aussetzen, um das BEM-Verfahren entsprechend nachzuholen, wenn Zweifel dahingehend bestehen, dass keine milderen Mittel vorhanden sein sollen.[571] Die Zustimmung kann auch durch das Integrationsamt verweigert werden, wenn sich der Arbeitgeber vor der Durchführung des BEM-Verfahrens bzw. vor zumutbaren Maßnahmen zur Vermeidung der Kündigung des Arbeitsverhältnisses verschließt.[572]

---

567 Schmidt, S. 53.
568 BVerwG 19.10.1995 – 5 C 24/93, NZA-RR 1996, S. 288.
569 AG Schleswig-Holstein 17.11.2006 – 4 Sa 328/05, BeckRS 2006, S. 40264; BAG 08.11.2007 2 AZR 425/06, 17, NZA 2008, S. 471; ErfK/Rolfs, § 84 SGB IX, Rn. 4.
570 BAG 07.12.2006 – 2 AZR 182/06, NZA 2007, S. 617.
571 Deiner in: NZA 2010, S. 969, 274.
572 Deinert in: NZA 2010, S. 969, 274.

C. Resümee

Es steht zu erwarten, dass die krankheitsbedingte Kündigung auch in Zukunft eine Rolle spielen wird, voraussichtlich wird deren Bedeutung in der Praxis, angesichts der steigenden Krankheitsfälle, noch zunehmen. Vor diesem Hintergrund ist es wichtig, dass die Arbeitsvertragsparteien die Risiken kennen und die Voraussetzungen entsprechend anwenden. Dabei spielen die Prävention und insbesondere das BEM-Verfahren, welches bisher eher ein Schattendasein geführt hat, eine zunehmend wichtigere Rolle.

Das BEM-Verfahren sollte daher rechtzeitig durch den Arbeitgeber eingeleitet werden, um künftige Fehlzeiten aufgrund der Erkrankung des Arbeitnehmers zu vermeiden und das Arbeitsverhältnis zu erhalten. Das BEM-Verfahren nützt aber auch dem Arbeitgeber, damit die Kündigungsproblematiken erst gar nicht entstehen.[573] Dies kann dem Arbeitgeber auch Kosten aufgrund weiterer Entgeltfortzahlungen ersparen. Die Kündigung eines langjährigen Arbeitnehmers erweist sich nicht immer als vorteilhaft, sofern dieser routiniert seine Tätigkeit ausübt. Bei Kündigung des Arbeitsverhältnisses und Neuausschreibung der Stelle ist dies auch mit Kosten für den Arbeitgeber verbunden. Die Entlassung der Arbeitnehmer soll daher mit dem Verfahren möglichst verhindert werden. Insbesondere Arbeitnehmer mit Schwerbehinderung haben erhebliche Schwierigkeiten, auf dem Arbeitsmarkt, sodass das Interesse besteht, das Arbeitsverhältnis zu erhalten. Sofern der Arbeitgeber das Verfahren auch ordnungsgemäß durchführt, ergeben sich die Beweiserleichterungen im Rahmen des Kündigungsschutzprozesses.

---

573 Deinert in: NZA 2010, 969, 275.

Literaturverzeichnis

Kommentare

Dau/Düwell/Joussen, Sozialgesetzbuch IX, Rehabilitation und Teilhabe behinderter Menschen, Nomos Verlag, 4. Aufl. 2014

Boecken/Düwell/Diller/Hanau, Gesamtes Arbeitsrecht, Nomos Verlag, 1. Aufl. 2016

Däubler, Hjort, Hummel, Wolmerath, Arbeitsrecht, Individualarbeitsrecht mit kollektivrechtlichen Bezügen, Handkommentar, , Nomos Verlag, 1. Aufl. 2008

Erfurter Kommentar zum Arbeitsrecht, C.H.Beck Verlag, 16. Aufl. 2016

Fitting/Engels/Schmidt/Trebinger/Linsenmaier, Handkommentar zum Betriebsverfassungsgesetz mit Wahlordnung, Verlag Franz Vahlen, 28. Auflage 2016

Henssler, Willemsen, Kalb, Arbeitsrecht Kommentar, Verlag Dr. Otto Schmidt KG, 7. Aufl. 2016

KR, Etzel/Bader/Fischermeier/Friedrich/Griebeling/Lipke/Pfeiffer/Rost/Spilger/Vogt/Weigand/Wolff, Gemeinschaftskommentar zum KSchG und sonstigen kündigungsschutzrechtlichen Vorschriften, Luchterhand Verlag, 9. Aufl. 2009

Rolfs/Giesen/Kreikebohm/Udsching, Beck'scher OnlineKommentar Arbeitsrecht, 40. Aufl. 2016

v. HoyningenHuene/Linck, Kündigungsschutzgesetz Kommentar, C.H.Beck Verlag, 15. Aufl. 2013

Lehrbücher

Lepke, Achim, Kündigung bei Krankheit, Erich Schmidt Verlag, 14. Aufl. 2012

Ascheid/Preis/Schmidt, Kündigungsrecht, C.H. Beck Verlag, 4. Aufl. 2012

Lenfers, Henner, Alkohol am Arbeitsplatz, Entscheidungshilfen für Führungskräfte, Luchterhand Verlag, 2. Aufl. 1993

Schaub, Arbeitsrecht Handbuch, C.H. Beck Verlag, 16. Aufl. 2015

Schmidt, Bettina, Gestaltung und Durchführung des BEM, C.H. Beck Verlag, 1. Aufl. 2014

Aufsätze

Aszmons, Mattis und Lackschewitz, Merle „Fallstricke im Umgang mit erkrankten Arbeitnehmern", NJW 2016, S. 2070 ff.

Balders, SvenFrederik und Lepping, Christian „Das betriebliche Eingliederungsmanagement nach SGB IX" in NZA 2005, S. 854 ff.

Balikcioglu, Julia „Psychische Erkrankungen am Arbeitsplatz" in NZA 2015, S. 1424 ff.

Baumeister, Peter und Richter, Hanns-Uwe „Das betriebliche Eingliederungsmanagement und die krankheitsbedingte Kündigung" in ZfA 2010, S. 3 ff.

Deinert, Olaf „Kündigungsprävention und betriebliches Eingliederungsmanagement" in NZA 2010, S. 969 ff.

Düwell, Franz-Josef „Mehr Rechte für Schwerbehinderte und ihre Vertretungen durch das SchwbBAG" in BB 2000, S. 2570 ff.

Fritsche, Marius und Fähnle, Patrick „Betriebliches Eingliederungsmanagement – Tipps für die Praxis" in BB 2013, S. 3001 ff.

Gagel, Alexander „Rehabilitation im Betrieb unter Berücksichtigung des neuen SGB IX – ihre Bedeutung und das Verhältnis von Arbeitgebern und Sozialleistungsträgern" in NZA 2001, S. 988 ff.

Gagel, Alexander „Betriebliches Eingliederungsmanagement" in NZA 2004, S. 1359 ff.

Hoffmann-Remy, Till „Weniger ist oft mehr – Neues vom BAG zu bEM und Präventionsverfahren", NZA 2016 in S. 1261 ff.

Lingemann, Stefan und Ludwig, Gero: Die „krankheitsbedingte Kündigung" – Rechtfertigung der Kündigung wegen lang anhaltender Erkrankung in ArbRAktuell 2010, S. 385 ff.

Kasper, Franz „Die Kunst forensischer Prophetie als Darlegungs- und Beweismittel bei krankheitsbedingter Kündigungen des Arbeitgebers – Ein Beitrag zur Auslegung des § 1 II 1, 4 KSchG 1969 durch den 2. Senat des BAG" in NJW 1994, S. 2979 ff.

Kempter, Michael und Steinat, Björn „Betriebliches Eingliederungsmanagement nach § 84 II SGB IX" in NZA 2015, S. 840 ff.

Nassibi, Ghazaleh „Die Durchsetzung der Ansprüche auf Schaffung behindertengerechter Arbeitsbedingungen" in NZA 2012, S. 720 ff.

Raif, Alexander und Bordet, Katharina „Praktische Gestaltung des Betrieblichen Eingliederungsmanagement" in ArbRAktuell 2011, S. 400 ff.

Richter, Tim „Die krankheitsbedingte Kündigung im Spiegel der Rechtsprechung" in ArbRAktuell 2015, S. 237 ff.

Roos, Bernd „ Die Rechtsprechung zur Kündigung wegen Krankheit" in NZA-RR 1999, S. 617 ff.

Rose, Franz-Josef und Ghorai, Surmila „Betriebliches Eingliederungsmanagement: Notwendige Eigeninitiative betroffener Arbeitnehmer" in BB 2011, S. 949 ff.

Schiefer, Bernd „Das betriebliche Eingliederungsmanagement (bEM)" in RdA 2016, S. 196 ff.

Schunder, Achim „Kündigung wegen Krankheit" in NZA-Beilage 2015, S. 90 ff.

Seel, Henning-Alexander „Krankheitsbedingte Arbeitsunfähigkeit – Rechte und Pflichten von Arbeitgeber und Arbeitnehmer" in JA 2009, S. 131 ff.

Stück, Volker „Betriebliches Eingliederungsmanagement (BEM)" in MDR 2010, S. 1235 ff.

Welti, Felix „Das betriebliche Eingliederungsmanagement nach § 84 Abs. 2 SGB IX – sozial- und arbeitsrechtliche Aspekte" in NZS 2006, S. 623 ff.

Wetzling, Frank und Habel, Maren „Betriebliches Eingliederungsmanagement und Mitwirkung des Mitarbeiters" in NZA 2007, S. 1129 ff.

Sachregister

Abschlussgespräch 79
Alkoholsucht 37
Anspruch auf behindertengerechte
 Beschäftigung 56
Anzeigepflicht der Erkrankung 40
Arbeitsunfähigkeit 10
Attest 42
Aufklärungspflichten des Arbeit-
 gebers 60
Auskunftspflicht des Arbeitnehmers 14
Auswahl von Mitarbeitern zum BEM 75

Betriebsarzt 72
Betriebsratsbeteiligung 66 ff.
Betriebsvereinbarung 66 ff.

Chancen auf dem Arbeitsmarkt 25

Direktionsrecht 29
Datenschutzverpflichtung 63

Eingliederungsgespräch 77
Entziehungskur 37
Erkundigungspflicht des Arbeit-
 gebers 4

Fallgruppen 16
Familiäre Situation 24
Fehlquote der Arbeitskollegen 23
Fehlzeitengespräch 62

Gefährdungsbeurteilung 78
Gemeinsame Servicestellen 73

Initiativlast des Arbeitgebers 59
Integrationsamt 65
Integrationsfachdienst 74
Integrationsteam 73

Kleinbetrieb 55
Kosten 52
Krankheit 9
Krankheitsbedingte Einschränkung 31
Kündigungsschutzgesetz 12
Kündigungsschutzprozess 81

Leistungen zur Teilhabe 52

Maßnahmen BEM 58
Medizinischer Dienst 75
Minderleistung 34
Mitbestimmung des Betriebsrats 68
Mitwirkungspflicht des Arbeitneh-
 mers 60

Nachweispflicht der Erkrankung 44

Personalreserve 25
Prävention 54 ff.
Prüfungsstufenschema 16
Psychische Erkrankungen 34

Rechtsbeistand 66
Rehabilitationsträger 73

Schadenersatz 57
Schweigepflichtentbindung 19
Schwerbehinderte 54 ff.
Schwerbehindertenvertretung 71
Suchterkrankung 37

Unterhaltspflichten 24
Urlaub 29

Verhältnismäßigkeit der Kündigung 82

Wiedereingliederung 75

Zustimmung des Arbeitnehmers 60